KB114386

유럽에서 살아도
괜찮을까

유럽에서 살아도 괜찮을까

이성진 지음

harmonybook

Prologue

사람 사는 건 다 거기서 거기라지만

내 나이 스물네 살. 열 가지가 넘는 아르바이트에서 번번이 나를 힘들게 했던 건, 일보다는 사람이었다.

처음엔 내 쪽에 문제가 있나 싶어 스스로 바뀌려고 해 봤고, 나중엔 저쪽이 문제구나 싶어 거리를 두기도 해 봤다. 다만, 내가 바뀌자니 이 성격으로 다른 동료들과는 별문제 없이 잘 지냈었고, 저 사람과 상종하지 말자니 그가 본디부터 심성이 악한 이로는 보이지 않았다.

'그저 나와 맞지 않는 사람이었을 뿐이야.'

이렇게 덮어두니 내 속만 편하구나 싶었지만, 세상이 나랑 잘 맞는 사람으로만 가득하기를 바라는 것 또한 어찌 보면 욕심이었다.

사람만 그랬을까? 내가 사는 도시라고 크게 다르진 않았다.

현수막에서 볼 수 있는 흔한 슬로건과는 달리, 어디에도 그냥 '살기 좋은 도시'는 없었다. 상황과 조건에 따른, '나랑 잘 맞는 도시'가 있을 뿐이었다. 그래도 도시와 사람이 똑같지는 않은 것이, 사람은 고쳐 쓰는 거 아니랬지만 도시는 얼마든지 바꿔나갈 수 있었다.

내가 체코로 교환학생을 간다고 했을 때, 엄마는 사람 사는 건 다 거기서 거기라고 했다. 그러나 그 말이 반년 동안 살아 본 유럽에 딱 맞지는 않았다.

우리와는 다른 가치관과 사고방식으로 살아온 유럽인들은 그들에게 알맞은 도시를 만들어냈고, 도시는 다시 그들의 삶의 방식에 많은 영향을 끼치고 있었다. 실로 거대한 순환이었다. 그걸 본 나는, 우리가 도시를 바꾸고 도시가 다시 우리를 변화시키는 거대한 순환에 미미하게나마 보탬이 되기를 바라는 마음으로 이 책을 썼다.

제목으로 [유럽에서 살아도 괜찮을까]라는 질문을 던져놓았는데, 이에 대답부터 하자면 [얼마든지]이다! 당신이 유럽의 도시 스타일에 맞는 사람이라는 확신이 선다면 말이다. 그 판단에 도움이 되라고 유럽의 도시 스타일과 유럽인들을 여기, 이 책에 얼마간 담아내었다.

혹여 유럽에서의 파란만장한 체류기나 외국에서 한 달 살기의 묘미 따위를 기대했다면, 나는 그런 글을 쓰지 않았다고 분명히 일러두고 싶다. 오히려 이건 유럽의 도시에 겹쳐 보이는 '한국의 도시와 도시 사람들'에 관한 이야기다.

도시 담론치고는 가볍고 여행 일기라기엔 다소 재미없는 나의 첫 번 책에서,

당신이 은근한 위로를 받고 갔으면 한다.

목 차

1 오스트라바

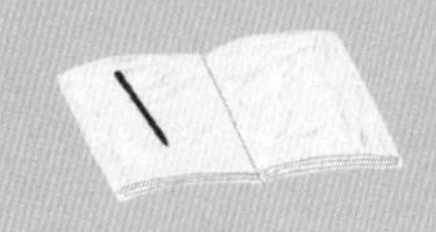

1.5 빈, 파리, 아우슈비츠, 레치워스

2. 부산

3. 바르셀로나

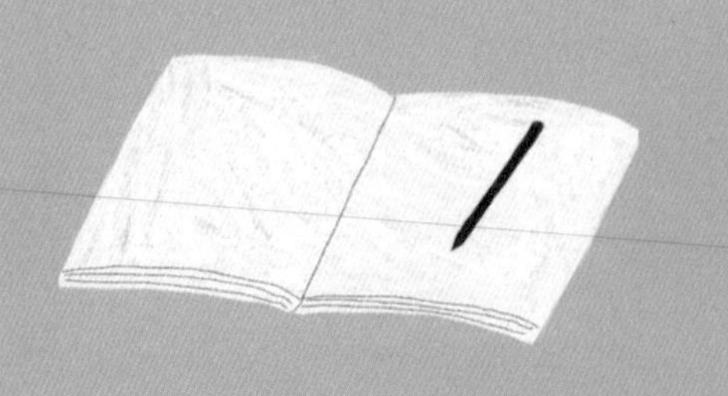

1

오스트라바

이런 걸 배우고 있습니다만

덮어 두었던 스마트폰을 살포시 들춰 본다. 아무래도 이건 내 앞에 쌓인 킷캣 초콜릿보다도 달콤한가 보다.

학문을 내 업으로 삼겠다고 다짐한 순간부터 활자가 쉬이 읽히는 날이 없었다.

스마트폰을 덮었다가 들추고, 책이 너덜너덜해질 때까지 밀당을 하고, 논문 문장 하나를 고찰하다가 생각이 삼천포에 빠지기도 하고. 그런데도 지금껏 포기하지 않을 수 있었던 건, 배우고 알아가는 것의 재미를 맛보았기 때문일까?

도시. 내 지금은 비록 한낱 학부생 나부랭이지만 훗날 잘나가는 도시계획가가 된 나를 머릿속에 그리는 것은 아무 문제 없다. 나는 언제나 자신을 굳게 믿어왔으니 이제까지 해 온대로 쭉쭉 걸어가기만 하면 되니까.

누구에게나 어떤 것을 깊이 파고든다는 것은 일종의 부담감이 따라오기 마련이다. 나의 경우는 전공을 설명하는 것이 그렇다. 개인적인 견해로는, 적어도 자기가 배우는 게 무엇인지를 처음 만난 사람에게 간단히 설명할 수 없다면 그 사람은 아직 졸업할 준비가 안 됐다고 생각한다. 사전에 적혀있는 대로 정해진 답안을 달달 외웠냐는 게 아니라 전공에 대한 자신만의 관념, 철학 등을 가졌는지를 말하는 것이다.

그런 의미에서 내 전공인 도시를 한번 맘 편하게 설명해보려 한다.

하고 싶은 말? 사실 넘쳐난다. 도시라는 건 대체 무엇이며 어떤 배경 속에서 생겨났고 그것의 역사와 생태 그리고 앞으로 나아갈 방향까지 설파하려면 아마 책을 따로 하나 내야 할 테다. (물론 독립출판에 소장용으로. 그 누구도 돈 주고 사서 읽으려 하지 않을 테니까.)

아무튼, 그런 도시를 딱 한 마디로 말해 보자면, '다양성'이라 할 수 있겠다.

도시는 다양한 사람들이 제각기 다르게 생긴 건물과 거리에 옹기종기 모여 사는 무대요, 그 무대 위에서 자신만의 사상과 철학, 심지어 옷 입는 거나 음식 취향 하나하나까지 다 다른 사람들이 보여주는 연극 그 자체다.

예로부터 사람들의 다양성을 살릴 역량이 있는 곳이 주요한 도시로 발전했으며, 그 속에서 기술, 문화, 예술을 포함한 모든 게 꽃피웠다. 나와 다른 관점으로 바라볼 수 있는 사람과의 소통은 도시에서 비교적 쉽게 이루어졌고, 이는 역사 발전의 원동력이라 해도 손색없을 만큼 강력했다.

갑·을·병·정이 만나 각자의 생각을 교류할 수 있는 곳.

그게 내가 생각하는 도시의 핵심이다.

그래서 더 걱정스러웠다.

체코의 오스트라바(Ostrava)라는 먼 나라의 도시에 와서도 한국이 계속 생각났던 건, 향수(鄕愁)보다는 염려(念慮)에 가까웠다.

거긴 버스정류장에 휠체어를 끌고 온 장애인들이 많이 보였다. 다리가 엄청 굵은 여자들도 당당히 거리를 활보했다. 옷 입는 행색이 초라했던 사람도, 집시라 불리며 누가 봐도 인종이 다른 사람들도 다 같은 오스트라바 사람일 뿐이었다. 상대적으로 소수였던 그들은 보편적인 다수에게 자신을 드러내는 것을 꺼리지 않았다.

그 누구도 옆 사람을 이상하게 쳐다보거나 수군대지 않았으며 당연히 내가 앞에 있는 사람의 눈치를 볼 필요도 없었다.

성적으로 한 줄 세우기, 유교 공동체 사회, 단일민족, 빨리빨리 문화, 능력 만능주의, 성냥갑처럼 똑같이 생긴 아파트들….

물론 이것들이 단점만 가지는 것은 아닐 테다.

다만 나는 이걸 받아들임으로써 우리가 사는 도시의 심히 귀중하고 달콤한 열매를 포기한 게 아닐까 생각한다.

그렇게 해서 얻은 게 뭔가 있기는 하겠다만,

행복한 도시 생활에 보탬이 되는 것일지는 다시 생각해 볼 문제다.

유럽에서 인생샷을 찍으려면

맥주와 꼴레뇨의 나라 체코. 비록 프라하는 아니지만, 유럽 감성 가득한 도시에 적을 둔 적이 있었다. 내가 살았던 그 도시, 오스트라바에 대해 간단히 언급하자면, 우선 물가가 매우 저렴했다. 르네상스 양식의 건물로 가득 채워져 있는 유럽풍의 도시치고는 그랬다. 이것 말고 또 하나 꼽으라면 단연 접근성이 좋았다고 말하고 싶다.

중부 유럽에 자리하고 있어 인접한 나라만 해도 네 개(독일·오스트리아·폴란드·슬로바키아)나 되니, 주말에 다른 나라를 가볍게 놀러 가기엔 이보다 좋을 수가 없었다.

그렇게 체코에서 여행 다닐 때 나는 코리아의 위상이 꽤 높아졌음을 알 수 있었다. 유명하다 싶은 관광지에는 한국어로 호객행위를 하는 현지인 사이에서 대충 봐도 한국인 같은 사람을 자주 마주쳤다. 조금만 집중해서 살펴보면 그들이 중국인이나 일본인이 아니라는 것쯤은 구분할 수 있었다. 같은 동양인이라도 나라마다 사람들이 풍기는 분위기라는 게 달랐으니까.

사실 내 친구가 귀띔해준 구별법이 하나 더 있었다. 바로 사진을 가장 멋있게 찍어주고 있는 사람은 한국인일 가능성이 크다는 거였다. 사람들이 이 말을 어떻게 받아들일진 모르겠지만, 나는 과연 그렇다고 생각했다. 한국 사람은 (SNS에 올리거나 친구들에게 자랑할 목적이면 더욱) 주어진 배경에서 가장 사진이 예쁘게 나오는 방법을 잘 아는 것 같았다. 심지어 그들은 '황금 구도'를 얻기 위해서 길바닥에 꿇어앉거나 눕는 것조차도 개의치 않았다. 내 친구의 화보 같은 사진은 다 그렇게 탄생했던 거다.

반면 외국인들이 찍어준 내 사진을 보고 있노라면 표정 관리마저 힘들어질 때가 많았다. 사진에 다리는 왜 잘랐으며, 수평은 대체 얻다 팔아먹었고, 내가 주인공인지 뒤에 우뚝 서 있는 대성당이 주인공인 건지…. 그렇다고 귀한 시간 내어 도움을 준 분 앞에서 울상을 지을 수도 없는 노릇이니 그저 어색한 웃음으로 감사인사를 할 뿐이었다. 앞으로 사진은 꼭 지나가는 한국인에게 찍어달라고 부탁하리라 다짐하며.

그러고 보니 내가 놓쳤던 게 하나 있었다. 유럽에 살다 보니 '아 애들은 행동의 바탕이 되는 가치관이 우리랑 참 다르구나'라고 느낄 때가 종종 있었다. 나는 그것을 관통하는 게 개인주의에서 오는 자기 존중감이라고 생각했다.

인간관계의 중심은 나로부터 시작이라는 것.

유럽 애들 가만히 보면 자기가 일하고 싶을 때만 일하는 것처럼 보였다. 이건 손님을 무시하는 거다 싶을 정도로 서비스 정신이 많이 부족하다고 느낄 때가 한두 번이 아니었다.

"한국이었으면 벌써 난리 났지…. 사장 나오라고 고성이 오갔을 거다!" 우스갯소리로 이런 농담을 친구랑 하면서도 곧잘 정정하곤 했다(그곳은 유럽이었으니까).

주요한 가치관이 개인주의라고 해서 공동체주의보다 항상 나쁜 것은 아닐 터였다. 이미 우린 각각의 장단점을 학교에서 귀에 딱지가 앉도록 배웠다. 다만 자신이 아니라 내 앞의 서 있는 타인을 관계의 중심으로 여기는 우리에겐 이 문화가 다소 익숙하지 않은 것이 사실이었다. (이와 관련된, 재밌는 실험이 하나 있다. 맞은 편에 앉은 사람에게 알파벳 e를 손가락으로 그려보게끔 하는 것이다.)

그제야 나는 보였다.

연인의 사진을 찍어주는 푸른 눈동자 아저씨의 편안한 자세가.

그 옆에서 내 인생 사진을 찍어주겠다며 몸을 뒤틀고 있는 친구를 보니 그날따라 마음이 짠했다.

O링 반지는 여기 있다

O링 반지 하나를 엄지손가락에 딱 끼우고 반대 손으로는 평집게를 잡았다. 정말 간단한 작업 준비였다. 밝은 조명과 적당히 힘 들어간 눈만 있다면 충분했으니까.

"우리 책갈피 재료 공구(공동구매)하지 않을래?"

대바늘 하나, 실 뭉텅이 하나 들고 찾아간 대학교 수공예 소모임에서 나는 얼떨결에 다른 영역에 발을 들여놓아 버렸다.

실용적이지 않은 것은 원체 싫어하는 성격이라 흔한 인테리어 소품 하나 사지 않는 내게, 책갈피 만들기는 적절한 타협선이었겠다. 그래도 책은 즐겨 읽으니 나 하나 만들어 쓰고 독서 모임 사람들에게 선물이나 주지 싶었다.

늘 그랬듯, 출발은 가벼웠다.

예쁘고 멋진 펜던트들을 체인과 O링으로 연결해 쭉 내려 보이면 그만큼 뿌듯한 일이 또 없었다. 들인 노력에 비해 나 따위가 마치 수공예 장인이라도 된 기분이었달까.

집게를 다루는 데 익숙해진 나의 다음 관문은 귀걸이였다. 이제야 솔직하게 고백하는 거지만, 귀걸이 만들기는 별로 내키지 않았다. 우선 나 자신이 귀를 뚫지 않았으니 착용할 수 없었다. 게다가 귀걸이 선물은 주로 여자애들에게나 할 텐데, 선물 주는 행위는 좋아하지만 구태여 불필요한 오해를 사고 싶진 않았다.

우여곡절 끝에 귀찌(귀를 뚫지 않고 착용하는 귀걸이) 만들기로 합의를 봤는데 웬걸, 성취감이 책갈피 만들기의 배나 되었다. 그때를 기점으로 종종 내 것 혹은 선물용으로 귀찌와 귀걸이를 만들면서 이젠 또 하나의 어엿한 취미로 자리를 잡았다.

액세서리 만들기를 그만둘 수 없는 이유로 하나를 꼽았는데, 이건 혹여나 내가 '뭔 남자애가 그런 거나 만들고 있냐'는 잔소리를 들을 때 해주려고 생각해 둔 거다. 그 이유는 바로 귀걸이 만들기가 '내 개성 발현의 정수'이기 때문이다. 이전 세대와 비교하면 요즘 세대의 청년들이 물질을 소유하는 것보다 무언갈 경험하는 것에 돈을 더 많이 쓴다는 기사를 본 적이 있는데, 이것과도 일맥상통하겠다.

소유 추구보다 경험 추구가 가난한 청춘이 생존하는 데에 유리한 처사인 것도 있지만, 여행지에서, 혹은 맛집에서 보낸 시간, 사진, 감성, 느낌들은 오롯이 '그 사람만의' 것으로 남는다. 바꿔 말해 이왕이면 소유하더라도 남들과 다를 바 없는 판박이는 영 끌리지 않는다는 게 요즘 애들이다.

그러니까 내 눈에 예쁜 재료를 사고, 내가 멋있다고 생각한 모양으로 디자인해서, 내 손으로 직접 만드는 귀걸이는 과정 자체가 오롯이 나만의 것이요, 그렇게 만들어진 작품도 세상에서 단 하나밖에 없는 한정판인 셈이다.

많은 사람이 자기가 개성적이지 못하다며 스스로 자책하는데, 겪어본 바로는 개성 따라 사는 걸 어렵게 생각하면 안 된다. 꼭 남들보다 크게 튀지 않아도 된다.

내가 좋아하는 거 하면서

남 눈치 보지 않는 것.

그리고 이왕이면

나뿐만 아니라 타인에게도 도움이 되는 방향성.

정말 그거면 충분하다.

그들이 사는 속도

유럽에 사는 것에 덤덤해진다는 건 느림의 미학을 배우는 것과 같았다.

한국에서 온 사람들은 너무 빠른 속도에 익숙한 나머지 여기서 느림을 볼 때면 답답함을 감추지 못했다.

나라고 크게 다른 건 아니었다. 적응 초창기에 체코에서 적잖게 당황했던 건 넓은 식당인데도 테이블에 진동벨이 없다는 것, 그리고 주문 준비가 되어도 점원을 소리 내어 부르지 않는다는 것이었다.

이런 게 막상 한두 개가 아니었는 게 인터넷 속도는 원체 만족스럽지 못했으며, 가게에서 물건 하나를 계산하는 것도 느릿느릿하다거나 하다못해 공무원의 행정처리 하나까지. 가만히 보고만 있으려니 갑갑한 게 그지없었다.

아마 이런 이유로 교수님께 나는 그렇게 말해버렸을 터였다.

"한국과 유럽의 도시요? 속도가 다르죠."

가파른 경제성장을 이루어 낸 우리 DNA 속에는 '열심히' 해서, '빨리' 성과를 내는 것이 입력된 듯했다. 전 세계 어디에 내어놓아도 한국의 토목공사와 건축공사의 속도는 뒤지지 않았다. 게다가 같은 속도로서는 훌륭한 결과물을 자랑했다. 빠른 속도에서 오는 능률이 그만큼 매력적이란 사실을 우린 너무 잘 알고 있었다.

다만 능률이 항상 효과를 보장하는 건 아니었다. 투입 대비 산출의 비율은 높을지 몰라도, 그 산출물이 과연 목표에 잘 부합하는지는 또 다른 문제였다.

30년이 지나면 노후 아파트 소릴 듣는 우리네의 주택들. 백 년, 이백 년 된 건물이 비교적 최신에 지어진 편이라고 설명하던 거기 교수님의 말씀이 내겐 너무나 신기하게 들렸다. 경제 규모가 급격히 확대되고 도시에 사람들이 앞다투어 몰려들 때라야 (폭발하는 수요가 있으니) 별다른 선택지가 없었다지만, 이미 도시화율이 90%를 넘어가고 경제 성장률이 2%대인 지금의 한국은 분명 그때와 같지 않다.

최근 도시의 젠트리피케이션(gentrification) 현상이 뜨거운 감자로 떠오르고 있는데, 나는 이것 또한 속도의 문제라고 생각한다. 젠트리피케이션을 단순히 지역개발(또는 인기 상승)로 인해 세입자나 영세상가가 쫓겨나는 부정적인 현상으로만 보는 것은 장님이 코끼리를 만지는 격이다. 우리는 그 이면에 담긴 '개발 순환의 원리'를 이해해야 한다.

만약 어느 지역이 (이를테면 서울의 홍대나 연남동이) 영구적인 매력요소를 가지고 있어서 무기한으로 사람을 끌어당긴다면, 여타 낙후지역의 입장에선 그만큼 끔찍한 일이 또 없을 것이다.

특정한 지구가 입소문을 타서 인기가 높아지면, 사람들이 모여들면서 지가가 상승하고, 결국 지대 시불 능력이 큰 상가들(주로 카페, 음식점, 화장품 업종의 프렌차이즈 상가들이다.) 위주로 남게 된다. 그리고 이 와중에 밀려난 (특색있음에도 영세한) 가게와 공방들은 지가가 낮고 비교적 인기 없는 지구로 모이게 된다.

이런 현상의 반복으로 인한 지역 개발의 순환.

이는 경제학적인 시각으로 본다면 매우 자연스러운 흐름이다. 제인 제이콥스(Jane Jacobs)는 그녀의 저서에서 이러한 현상을 '다양성의 자기파괴'라고 언급하면서, 실패한 도시지구가 아닌 성공

한 도시지구에서만 찾아볼 수 있다고 설명하였다.

문제는 그 자연스러운 흐름이 우리의 도시에선 너무나 빠른 속도로 전개되고 있다는 것에 있다. 2·3년. 빠르면 몇 개월 만에 이러한 핫플레이스(HOT PLACE)가 교체된다. 상가 세입자 관점에서 기껏 노력해 수익을 내고 이제야 자리를 좀 잡나 했는데 이미 '#핫플' 은 다른 곳을 가리키고 있던 셈이다.

인스타 해시태그야 좌표만 다르게 찍어 사람을 유인하면 그만이겠지만, 그 뒤에 가려진 상인들의 허탈감과 고통은 대중의 관심 밖으로 멀어진다.

결국 이런 고도의 속도전에서는 (정보든, 돈이든) 가진 자가 절대적으로 유리한 게임이 될 수밖에 없다. 이때 그 게임에 공정한 조건을 걸어 줄 수 있는지, 혹은 개발 순환 속도를 적정히 조정할 수 있는지가 정부와 도시의 역량으로 판가름 나는 것이다.

하나 더 확실한 건 일상을 실제로 살아가는 우리 평범한 시민들의 사고방식과 문화가 바뀌지 않으면 정치인들은 지금의 시스템을 바꿀 이유가 전혀 없다는 것이다.

우리가 사는 곳, 그 속도의 변화는 우리가 이끌어 내야만 한다.
진정 바꾸고 싶다면 말이다.

빠른 게 능사는 아니다.

물론 느린 게 더더욱 능사는 아니다.

다만 발 빠르게 움직일 줄 안다면, 또한 느리게 보고 느낄 줄도 알아야 한다.

전 세계에서 가장 빠른 우리가 모르는 것은 다름 아닌 느림의 미학이다.

그래서 넌 무슨 색깔인데?

다신 울지 않을래 모진 시련 앞에도 나 언제나 당당히 웃을 수 있게
(달빛천사 ost - myself 중에서)

이 노래에 대한 기억을 떠올리려면 나는 십몇 년 전을 거슬러 올라가 집에 TV가 하나밖에 없던 우리 집 거실에 앉아야 했다.

애는 4명이나 되는데 TV가 하나 있다는 말인즉슨, 리모컨을 두고 매번 전쟁이 일어난다는 것을 뜻했다. 그래서였는지 나는 어릴 적 만화영화 하나를 보려 해도 형 누나들의 눈치를 볼 수밖에 없었다.

만화 볼 수 있는 시간을 제한받는 것도 있었지만, 사실 그보다 내게 더 치명적이었던 건 '어떤 만화를 보면 안 되는가'였다.

자식 교육을 중시하신 부모님께서 또래 친구들 다 보는 〈짱구 시리즈〉를 보지 못하게 한 건 뭐 크게 상관없었다만….

오히려 내가 들킬까 노심초사했던 건 바로, 애니메이션 〈달빛천사〉를 보는 것.

여자 주인공이 나오는 만화를 보지 말라고 대놓고 말한 사람은 우리 집에 아무도 없었지만, 그땐 뭐가 그리 부끄러웠는지,

집중해서 잘 보다가도 누가 집에 들어오는 소리라도 들리면 죄지은 사람처럼 급히 다른 채널로 돌리곤 했다.

꽤 유명했던 만화라서 아는 사람도 많겠지만, 이야기도 감동적이었고 여자 주인공도 예뻤다. 무엇보다도 OST가 너무 좋았다(요즘도 난 애니메이션을 볼 때 OST를 중요시한다).

지금의 나로서도 충분히 볼만한 만화인데도 그때는 그게 그렇게 들키기 싫었나 보다.

집에서나 학교에서나, 어디서도 내가 달빛천사를 본다고 남들에게 당당히 알릴 수 없었다.

혹여 형이나 친구들이 놀려댈까 봐.

남자애는 남자애답게.

그땐 이런 선입견의 저주에라도 걸렸던 걸까.

여자 주인공이 나오는 만화는 여자애들이나 보는 거라고 자신을 스스로 다그쳤지만, 실은 다른 사람들이 나를 이상한 눈빛으로 쳐다보는 게 무서웠던 걸 테다. 어린 마음에 그런 생각을 했던 거겠지만 지금 생각하면 참, 쓸데없는 걱정이 아닐 수 없었다.

나이를 먹고 어쩌다 어른이 되어버린 날에도 나는 여전히 드넓은 애니메이션의 세계에 빠져있었다. 그중 디즈니 만화는 단 하나도 놓치기 싫었다.

신데렐라, 백설 공주, 라푼젤, 엘사, 벨, 쟈스민, 뮬란, 아리엘….

웬만한 공주들의 이름은 그림만 보여줘도 다 알아맞힐 수 있었다. 그것도 여자 주인공이 나오는 만화 아니냐고? 그래 맞다! 근데 그게 뭐 어때서.

권선징악 교훈의, 진부한 틀에 박힌 만화라지만 난 그저 좋았다. '그들은 그렇게 오랫동안 행복하게 살았답니다' 같은 비현실적인 결말? 괜찮았다 뭐.

배경도 감각적으로 잘 그려, OST도 매력적이야, 이건 완전히… 내 스타일이었다!

내 스타일.

나는 나답게.

내 색깔을 찾았으니 그저 즐기면 되었다. 거기에 다른 사람의 시선 따위야….

군이 신경 쓸 필요 없었다.

내가 딱히 나쁜 짓 하는 것도 아니었으니까.

스물네 살답게. 남자답게. 대학생답게. 군인답게.

겉으로 보이는 지위에만 계속 나를 맞추다 보면, 원래의 내 모습을 언젠가는 잃어버릴 것만 같았다. 말 그대로, 주객전도였다.

군대 있을 때 훈련소 교관님들이 항상 하던 말이 기억났다.

"군인은 군인다울 때 제일 멋있다!"

아니.

나는 나다울 때, 너는 너다울 때 제일 멋있었다.

그러니 '답게'의 기준은 어찌 됐든 나여야만 했다.

짧다면 짧은, 20년 남짓한 인생에서 내가 깨달은 것이 하나 있다면 세상에는 정말 다양한 유형의 사람들이 살고 있다는 것이었다.

어딘가에 사람 만 명이 살고 있다면, 거기엔 필시 만 가지 삶의 방식이 있었다. 물론 그중에는 남들보다 더 빛나는 사람들이 존재했다.

착한 사람. 성실한 사람. 봉사하는 사람. 일 잘하는 사람. 타인의

아픔에 공감할 줄 아는 사람….

근데 솔직히 말하자면, 나는 남들 보기에 번쩍번쩍 빛나는 사람들보다는 자기 고유색을 품고 있는 사람이 더 좋았다.

내 눈엔 그게 더 멋있었고, 나도 그렇게 살고 싶을 따름이었다.

그러니 부디, 너 또한 자기만의 색을 발견했으면 한다. 단지 주위의 시선에 가둬 놓기에는 오늘의 그 빛깔이, 너무도 영롱하기에.

선은 지키고 삽시다

누구에게나 선을 지키는 것은 중요한 문제였다.

언제, 어디서든, 동서고금 할 것 없이.

각종 이름의 선 중에서 가장 민감하고 애매한, 그렇기에 더욱 짜릿한 건 역시 남녀 사이의 선이었다. 교환학생의 옷을 입고 갔던 유럽의 홈파티에는 한국인의 정서로는 받아들이기 힘든 장면들이 자주 연출됐다. 프랑스의 파티장에서 마음에 드는 소녀에게 헤드셋을 씌어준다든지, 기차에서 만나 빈에 충동적으로 내린 남녀가 하루를 같이 보낸다는, 그런 로맨틱한 그림들을 일절 생각지 않고 유럽에 왔다면 거짓말일 터였다. 다만 그런 낭만적인 장면들이 날이 지나고 파트너만 바뀐 채로 계속되는 것을 보았다면, 당신 역시 '애당초 이 친구들에게 선이라는 것이 존재는 하는가'라는 의문이 들었을 것이다.

반면에 그런 서양인들도 유난히 잘 지키는 선이 하나 있었는데, 바로 공적 생활과 사생활 사이의 선이었다.

개인주의의 역사가 오래된 그들은 어디까지가 자신의 영역이고 어디서부터가 공공의 영역인지를 곧잘 구분했다. 또한, 누군가가 자신의 영역을 침범하려 할 때는 거부의 의사 표현을 아끼지 않았다. 그렇게 그들은 공·사의 영역을 확실히 나누어 각자의 영역에 맞는 규범으로 생활하였다.

반면 우리의 전통사회는 유교 이념에 따른, 철저하게 공동체 기반의 사회였다. 옆집 가족이 쓰는 숟가락 개수마저 꿰고 있다는 우스갯소리는 그런 사회의 특성을 잘 보여줬다.

부디 헷갈리지 않았으면 한다. 공동체 기반의 공간이 모두 공공의 영역이 되는 것은 아니었다. 〈응답하라 1988〉에서도 볼 수 있는 골목골목의 전경들은 단지 사적인 영역이 확대된 것에 불과했다. 어쩌면 그때의 우리에게 공적 영역과 사적 영역 사이에 선을 확실히 그으라는 것은 대단히 정 없는 말이었을 것이다. 그런 이유로 옆집 아들은 내 아들내미 같았고, 앞집 아줌마를 어머니라

부를 수 있던 것이다. 그리고 지금의 우리는 그 시절의 정(情)을 추억하며 이웃끼리 삭막한 현세대를 안타까워하고 있다.

나는 이걸 선(線)에 관한 관점의 차이라 생각할 뿐 어느 한쪽이 우월하다거나 항상 맞는다고는 생각하지 않는다. 다만 현대 사회에서, 더 정확히는 현대의 도시 생활에서 공공의 영역보다 사적인 영역을 확대하는 쪽이 (혹은 공공의 영역과 사적인 영역을 명확한 구분 없이 놔두는 쪽이) 가지는 불리함을 말하고 싶을 뿐이다.

첫 번째로, 이웃의 수에 관한 문제이다.

사실 지금 우리가 사는 도시가 옛적의 마을이나 촌(村)보다 압도적으로 면적이 넓어졌다고 보긴 힘들다. 그저 같은 공간에 거주하는 사람의 수가 '엄청' 많아졌을 뿐이다. 이전에는 일정한 반경의 원 안에서 관계를 맺는 사람의 수가 70, 80명 정도였다면 지금은 백 배, 혹은 천 배의 사람들이 그 안에 살고 있다. 만약 전통사회같이, 내 주변에 사는 사람 모두와 아주 끈끈한 관계를 맺고 싶다면 '인간관계의 원'의 반지름을 줄이면 된다. 아마 아파트 한 개 동보다도 작은 원이 만들어질 테다. 그게 싫다면 사적 영역의 수호를 과감히 포기하고, 넓은 공적 영역 속에서 자기와 맞는 사람만 골라잡아 사귀는 방법도 있다. 도시는 그런 관점에서 아주 좋은 무대이고, 도시에서 태어나 자란 우리는 이미 그것을 어렴풋이나마 체득했다.

또 다른 하나는 물리적인 공간에 관한 문제이다.

아파트 생활이 정착된 이래로 우리는 아파트 평수를 크게 우선시해 왔다(지금은 추세가 변하고 있긴 하다). 넓은 집 싫어하는 사람 세상에 많겠느냐만, 서양 사람들이 상대적으로 넓은 집에 덜 집착하는 이유를 그들이 충분한 공적 공간을 가지는 것에서 찾는 주장도 있다. 이것은 물론 부동산을 자산 증식의 효과적인 수단으로, 집 평수를 사회적 지위를 나타내는 지표로 여기는 우리의 고질적인 관습과도 관련이 있다.

한정된 땅덩어리에 많은 사적 공간을 가지려면 그만큼의 공적 공간을 포기해야 한다. 심지어 우리는 외출을 해서도 사적 영역을 돈 주고 빌리는 것이 자연스러운 사람들이다. 노래방, DVD방, 멀티방 등등 한국의 '방 문화'는 공적 공간을 다른 이들과 함께 누리는 데 익숙지 않은 우리의 모습을 여실히 보여준다.

그리고 어쩌면, 이러한 문제가 공간에만 국한되지는 않을 것이다. 내 딸 같아서 만졌다는 둥, 우리 아들 같아서 내가 굳이 해주는 충고라는 둥. 공간을 어떻게 인식하는지의 문제는 이미 우리의 사고방식에도 깊이 침투해 있다.

여기서부터는 내 영향력이 미치는 사적 영역이 아니라는 것.

더욱더 많은 사람이 이런 사회적 공간의 선을 확실히 인지할수록, 눈살을 찌푸리게 만드는 구시대적 행태는 점차 사라질 것이다.

그러니 다시 한번,
선을 지키는 것은 중요한 문제다.

그가 체코에서 살기 힘든 이유

2019.04.16

『아침에 늦잠을 잤다. 아침에 늦'잠'을 잤다는 게 쓸 때마다 맞는 표현인지는 모르겠지만, 젠장, 어쨌든 늦었다는 말이다.

오늘은 여행가는 날이라 이른 시간에 기차를 타야 하지만 기숙사 앞에 있는 Penny 마트는 꼭 들러야 한다. 기차에 늦는 한이 있더라도 기차 도시락을 먹을 순 없으니까. 그건 진짜 끔찍한 맛이다.

5분 정도 걸어 들어간 마트. 목표 정조준. 그리고 곧장 가판대에 있는 샌드위치와 콜라를 집는다. 미지근한 콜라를 손에 쥐어 본다. 짜증 나. 왜 큰 마트인데도 음료수가 냉장고에 들어있지 않은 거야?

계산대 앞에서 발을 동동 구른다. 현재 남은 시간 4분. 기차역으로 가는 이번 버스를 나는 타야만 한다. 손님들이 이토록 들이닥치는 데 어째서 계산대에 앉아있는 점원은 단 두 명뿐이란 말인가.

그래도 이 정도라면…. 좋아, 가능은 하다!

그런데, 맙소사! 내가 기다리던 줄 끝의 점원이 쪽문을 열고 나온다. "쉬는 시간이라서요"라는 짤막한 말 한마디를 던진 그녀 손에는 담배가 들려있다. 기다리던 손님들은 천천히 옆 칸으로 이동한다. 그리고 나는, 울상이 된 채로 기차표를 취소한다.

다음번 기차표를 가까스로 구매하고 여유롭게 버스를 탄다. 웬걸, 그 여유는 내가 부리려 했는데 애먼 버스 기사님이 더 여유롭다. 천천히 가다가 갑자기 멈추기도 하고, 앞이 텅 빈 도로에서도 서행 운전을….

아이고 답답해, 정말.

부산이었으면 택시 아저씨께 넌지시 티를 내어도 쌩쌩 날아갔을 텐데.

여행지에서 점 찍어 놓은 가게 앞에 선다. 문 닫혀있다. 늦게 온 내 잘못도 크겠지만… 지금은 오후 5시란 말이다! 도대체가 물건을 팔려는 마음이 있는 건지 없는 건지. 이들은 정시퇴근을 칼같이 한다.

불쾌함을 안은 채로 식당에 갔다. 주문할 준비가 다 됐는데도 점원은 보이지 않는다. 손을 들고 prosím하고 부르려는 나를 친구가 붙잡더니 고개를 가로젓는다. 나도 알아 인마. 이게 무례한 거. 근데 기다려도 안 오잖아. 나 배고파.

일정에 쫓겨 마트를 못 들른 우리, 어쩔 수 없이 근처의 펍을 간다. 왜 이 도시는 야간에 문 연 편의점 하나 없는 것인가. 오늘따라 숙소로 돌아가는 길이 더 어두컴컴하고 위험해 보인다. 불이 꺼지지 않는 나라, 안전한 한국이 괜스레 그리워지는 밤이다.』

그래도 내가 체코에서 살고 싶은 이유

『그래도 나는 체코가 좋다.

불필요한 시설과 인원의 사용을 억제해서 관리·유통비용을 최소화한 체코가 좋다.

그래서 물가가 싼 이 나라가 좋다.

일하다가도 시간 딱 되면 눈치 보지 않고 나가서 쉴 수 있는 체코가 좋다.

담배 피우러 나간 그녀의 얼굴엔 죄책감이나 미안함 따윈 없었다.

그녀는 노동자라면 마땅히 가질 수 있는 권리를 누린 것이다.
손님들 역시 그걸 보고 크게 개의치 않는 이 나라가 좋다.
정시에 퇴근하는 체코가, 늦은 시간까지 일하는 게 일상화돼있지 않은 체코가 좋다.
식당에서 돈 쓰는 것 뿐만 아니라 식당에서 돈 버는 것의 가치도 인정해 주는 이 나라가 좋다.

차보다는 걷는 사람이 우선인, 말만 그럴 뿐 아니라 실제로 보행자 우선인 체코가 좋다.
신호등 없는 횡단보도 앞에 서 있으면 운전자가 당연하다는 듯 먼저 멈춰주고 손 흔들어주는 이 나라가 좋다.

밤에 일하는 곳이 거의 없고 이른 아침부터 일을 시작하는 체코가 좋다.
충분히 잘 수 있는, 또 잘 수밖에 없는 이 나라가 나는 정말 마음에 든다.』

|

누군가는 인정하기 싫겠지만, 지금 우리가 있는 도시, 이 나라는 하늘에서 누가 덜컥 만들어 준 게 아닙니다. 우리가 우리 손으

로 직접 만들었죠.

'헬조선'에 사는 우리는 어쩌면 지옥 체질에 맞는 사람들일지
도 모릅니다.
그런데도 이 지옥이 싫으시다면야, 바꾸어야지요.

지옥 체질인 우리의 라이프스타일을 뜯어고치든지,
아님,
지옥을 나름 살 만한 곳이라 인정하든지.

어느 쪽을 선택하든 당신의 자유입니다만….
당신이 바라는 '모든 것이 좋기만 한 무릉도원'은 단언컨대 세상
어디에도 없습니다.

호두 파이 하나가 만들어지기까지는

밀가루를 체에 곱게 친다. 설탕과 소금으로 밑간을 한 후에 버터를 숭덩숭덩 잘라 덩어리째 넣는다. 그러고는 스크래퍼로 버터를 조각낸다. 작은 버터 덩어리가 녹으면 파이는 더 바삭해진다. 어디선가 고소한 냄새가 나는 걸 보니 살짝 삶아서 떫은맛을 없앤 호두가 팬 위에서 다 구워진 듯하다. 달걀을 넣고 반죽을 마무리한 후, 파이 생지를 냉장고에 넣는다. 겨우 잠깐의 휴식.

집에서 내 손으로 구운 호두 파이를 들고 가면 사람들의 눈은 휘둥그레졌다. 혹시 어디서 따로 배운 거냐고, 나중에 제빵사 뭐 그런 거 할 거냐고 누가 물어보면, 나는 부끄러운 마음에 고개를 살짝 가로저으며 취미일 뿐이라고 했다.

이제는 꽤 많이 만들어 본 호두 파이기에 머릿속에 재료나 조리법이 다 들어있지만, 처음엔 그저 맨땅에 헤딩하는 듯했다. 하지만 그 막막한 가운데에도 길은 있었다. 정보의 홍수 속에 잠긴 나는 적절한 정보를 가려내기만 하면 되었고 각종 블로그나 카페에서 시키는 대로 차근차근 따라하기만 하면 그만이었다. 재료며, 방법이며 천천히 흉내 내다 보니 점차 나도 그 복잡한 과정들이 손에 익기 시작했다.

벌써 8년이나 지난 이야기지만, 파이를 처음 만들어 본 그날은 아직도 기억에 생생하다. 누나는 또 무슨 바람이 불었는지 홈쇼핑으로 오븐을 주문했었고, 아니나 다를까 처음 몇 달 만지작거리더니 이내 흥미를 잃어 방구석에 방치해두었다. 마침 그때 나는 동창 모임이 있었고 거기에 내 첫사랑(결국 짝사랑으로 막을 내렸지만)인 친구가 나온다는 귀중한 정보를 얻게 되었다. 당시에는 뭔가 나라는 사람을 어필할 만한 게 절실했다.

그렇게 집에 굴러다니는 오븐도 있겠다 싶어서 한 번 시도해 보았던 게, 내가 가장 아끼는 취미가 될 줄을 그때의 나는 알고 있었을까?

알 턱이 있나. 과분하리만큼 띄어주는 친구들의 칭찬(그 여자애도 꽤 맛있어했다.)에 한껏 우쭐하며 좋아하고 있었을 테다.

근래에 따로 파이를 갖다줄 만큼 잘 보이고 싶은 여자애는 없었지만, 이 취미를 손에서 놓지는 않았다. 호두 파이를 만든다는 것은 꽤 정교한 작업을 요구하지만, 그 이상으로 나를 기쁘게 해주었으니까.

힘들다는 생각이 들 때마다 이걸 먹어줄 사람들의 미소를 그려보았다. 그러면 이상하리만큼 힘이 샘솟았다. 그뿐만 아니라 호두가 익을 때 나는 고소한 냄새는 나에게 늘 기분 좋은 만족감을 주었으며 내 배까지 든든하게 해줬다. 음식을 만드는 사람이 먹는 사람 보는 것만 봐도 배부르다는 말은 이유 없는 빈말이 아니었다.

냉장고에서 휴지시킨 파이를 틀에 맞게 꾹꾹 누른 뒤에 포크로 구멍을 송송 뚫는다. 그 위에 호두를 듬뿍 넣는다. 집에서 만드는 만큼, 정성을 가득 담은 손은 거침이 없다. 마지막으로 계피향이 은은하게 나는 필링을 붓는다. 예열된 오븐에 틀을 넣고 타이머를 맞춰놓으면 끝이다. 똑딱똑딱 움직이는 시곗바늘은 내 마음도 모르고 천천히, 아주 천천히 움직인다.

… 똑딱 … 똑딱 … 띵!

오븐 문을 여는 순간, 계피와 호두의 방렬한 향이 새어 나온다.

어쩌면 나는 호두 파이를 먹은 친구들이 엄지를 치켜들어 주는 게 그렇게 좋았나 보다. 딱히 뭔가를 바라고 만든 것은 아니지마는, 칭찬을 들었을 때 기분이 날아갈 것 같음은 숨길 수가 없었다. 부끄러운 실력임에도 불구하고 언제나 맛있게 먹어주는 사람들이 고마웠다. 매번 '다음엔 더 맛있게 만들어 봐야지'하고 웃으며 다짐할 수 있었던 건 나를 응원해준 소중한 이들 덕택이었다.

앞으로도 파이를 꾸준히 만들 거냐는 친구의 질문에 명확한 답을 주지 않았다. 나의 이랬다저랬다 하는 성격을 미루어 보아 나중에는 또 다른 취미로 갈아탈 공산이 컸으니까. 그래도 내 방 속에 남아있는 향긋한 버터 향과 고소한 호두 냄새가 다 빠질 날까지는, 파이 하나로 사람들을 기쁘게 해줬다는 추억만큼은 간직하고 싶다고, 능청스럽게 웃으며 대답해 주었다.

그럴 때가 있었다

그럴 때가 있었다.

내게 당연한 것은 그저 당연한 일이었다. 당연(當然)은 말 그대로 마땅히 그러한 것이었으니 거기에는 별다른 이유가 필요하지 않았다. 교복을 입고 부모님 말씀을 잘 듣는 것은 당연한 일이었고, 건장한 한국의 남자라면 군대에 가는 거나 주어진 일상에 최선을 다해 살아가는 것 또한 당연한 일이었다.

어쩌면 그때가 마음은 편했을지 모르겠다.

그럴 때가 있었다.

언제부턴가 내게 당연은 당연(當然)이 아니게 되었다. 어디에도 이유 없이 그냥 '당연한' 것은 없었다. 세상 모든 당연한 일에는 우리가 알든 모르든, 인지하고 있든 말든 그 나름대로 이유가 있었다. 그래서 주위에 널려있는 '당연히 받아들여야 할 상식'을 덮어놓고 믿기 전에 한 번쯤은 들춰 보기로 했다. 요모조모 따져봐도 도저히 내가 이해할 수 없는, 그저 허울뿐인 이유라면 따르기를 거부하기로 했다.

적어도 나는 그랬다.

너도 그럴 때가 있었을까.

여기, '약자는 보호받아야 한다'라는 굳건한 명제가 하나 있었다. 우리는 당연한 명제를 애써 증명하기보다는 의심 없이 참으로 받아들이고 이용해 먹는 것에 더 익숙했다. 나는 노인이, 여자가, 아이가, 장애인이 당연히 보호받아야 한다는 명제에 의구심을 가졌다. 약자는 약자이기에 그저 보호받아야 한다는, 수긍하기 힘든 말보다 설득력 있는 힘이 나를 이끌어야만 했다.

"장애인의 반대말은 정상인이 아니라 비장애인이에요."

그 당연한 사실을 왜 너만 모르느냐는 질타의 눈과 무지한 세상 사람들을 깨우치겠다는 계몽가의 눈을 반반씩 치켜뜬 채로 그녀는 나를 째려봤다.

그땐 그랬다.

왜, 옛날부터 익히 썼던 말을 제쳐두고 사전에도 없는 단어를 권장하며, 대체 왜, 난 장애가 없는데도 나를 규정하는 낱말에 굳이 '장애'를 넣어 내 심기를 불편하게 만들고, 도대체 어떻게, 다수 전체를 규정하는 단어를 소수 장애인에 대응하여 만들 수 있는지를 의아해했다.

하지만 배려와 연대, 뻔하디뻔한 사건과 시간을 밟아가면서 나는 변해갔다.

그래도 갈 길은 멀다. 여전히.

체코인들의 '손님을 돌같이 보는' 유러피안 마인드에도 슬 적응해 가던 어느 화창한 날, 나는 트롤리버스(trolleybus, 무궤도 전차)에 몸을 싣고 가고 있었다. 솟아오른 두 개의 더듬이를 전선에 연결한 채로 달리는 트롤리버스가 정류장에 멈춰 섰을 때, 나는 내 눈을 의심해야만 했다. 철커덩. 안 그래도 수업에 늦어 급한 마당에 버스 기사님은 태평한 얼굴로 자리를 박차고 나가셨다. 그런 그가 손에 들린 고리로 꺼낸 것은 한 발판. 버스는 휠체어를 탄 승객이 진입하기 힘든 구조였지만, 기사님이 무심히 설치해준 발판을 통해 올라온 승객은 꽤 자연스러운 몸놀림을 보여주었다. 그 1분 남짓한 감동의 드라마를 체코 주민들은 아주 덤덤히, 당연하다는 듯 보고 있었다. 바쁜 사람이 분명 나 혼자는 아니었을 텐데.

누구나, 언제든 장애인이 될 수 있다.
그게 내가 보자기 들춰서 발견한 '나름의 이유'이다.
도움이 필요한 사람이 배려받지 못하는 사회에선, 당신 또한 예외가 아니다.

여전히
우리는 갈 길이 멀다.

끝은 언제나

위잉-왜애앵.

미처 다 자라지 못한 머리 터럭이 떨어졌다.

첫 희생자는 왼쪽 옆머리.

꼼꼼히, 그리고 천천히 올라가는 손은 바리깡의 진동을 견뎌내며 두피를 쓸어 올렸다. 안경이 놓였던 자리는 움푹 도랑이 파여 있어 진동하는 칼날이 잘 닿지 않았다.

체코에서 공부하는 동안 이따금 머리를 밀었다. 이 주에 한 번, 혹은 한 달에 한 번.

떨어진 머리카락을 보고 있을 때 그 무게만큼 내 마음의 짐도 덜어지는 느낌이 좋았다. 적어도 그 순간만큼은 내가 무언가에서 놓인다는 일종의 해방감이 나를 사로잡았다.

다음은 앞머리.

색칠 공부 시간에 들었던, 가장자리부터 칠해 놓으란 말은 어째서 아직도 기억이 나는지. 손은 머리의 경계를 지날 때면 더욱 꼼꼼해졌다. 무심하게 훑고 갔던 길을 다시 한번. 아스팔트를 다지는 불도저 마냥.

아무도 없는 샤워실에 홀로 서서 머리를 밀고 있으니 명상에는 조금 못 미치는 사색이 이어졌다. 그럴 때면 바리깡 진동 소리는 좋은 배경음악이었다.

시간이란 건 참 묘했다. 교환학생 초기에 개울물 같이 쫄쫄 흘러가던 일주일은 말 그대로 눈 감았다 뜨니 한 달, 두 달이 되어 폭포수처럼 지나가 버렸다. 온전히 내 것으로 만들지 못한 채로 흘러간 날들이 야속했지만, 변명할 말은 있었다. 외국 생활이라는 새로운 도전을 무사히 갈무리했고, 이렇게 보고 느낀 유럽의 도시들은 나를 통해 우리나라의 도시계획에 잘 녹아 들어갈 터였다. 그러니 마음 한편에 어찌 뿌듯함이 없었을까.

깎인 터럭을 머리에서 털어버렸다. 머리카락이 짧은 이유에선지 잘 털리지 않았다.

그날은 한 학기 동안 같이 적고 마셨던, 전 세계의 친구들과 작별 인사를 했다. 사람 한 명 버리기는 쉬워도 얻기는 어렵다고. 문득 그 말이 왜 생각났는지는 나도 알 수 없었다. 명제가 참이라면 대우도 참이 될까? 귀중히 얻은 좋은 친구들과 애써 웃으며 포옹하기란 역시 나에겐 익숙하지 않은 일이었다. 어쩌면 영영.

Vanessa, Júlia, Tatyana, Iiro, Çağri, Becca, Kivanç….

그래도 아주 슬프진 않았다. 만남에는 끝이 있고, 이별은 언제나 새로운 시작이며, 그들도 나와 같이 각자의 세계에서 찬란한 인생을 살아낼 것을 알고 있었으니까. 아니래도 그럴 것이라고 믿었으니까.

위이잉-에엥-잉.

면도는 필요 없었다. 적당히 까끌까끌한 그 촉감이 좋았다.

1.5

빈, 파리, 아우슈비츠, 레치워스

숙제를 제출합니다

✉

교수님, 이제야 답장을 씁니다.

저는 지금 오스트리아의 수도인 빈에 여행을 와 있습니다. 유럽에 가서 수업만 열심히 듣지만 말고 그곳의 도시를 느껴오라는 교수님의 숙제가 아직도 머릿속에 생생하네요.

어젠 아침 일찍 숙소에서 나와 쇤부른 궁전까지 걸었습니다. 완만한 경사 길을 따라 올라가며 바닥의 웅덩이 얼음을 깨는 놀이도 슬슬 지겨워진 제 눈앞에 어느덧 언덕 꼭대기가 보였죠. 자전거를 타고 쌩 내려가면 퍽 재밌을 듯한 내리막길이, 그 길을 따라 건물들이 다닥다닥 줄지어 내려가는 모습이 저는 꽤 인상 깊었습니다.
길의 경사에 평행선을 그은 듯이 건물들은 일정한 높이를 유지하며 반듯하게 지붕선을 맞대어 내려가고 있었습니다.

교수님, 제가 학생비자 받느라고 초등학교 수학여행 이후로 10년 만에 가 본 서울에서 정말 의외라고 느꼈던 것은 건물들 사이로 느껴지는 시선의 해방감이었습니다. 원체 서울은 고층빌딩의 숲이란 악명이 높았으니(오, 부디 오해하지 말아 주세요. 저는 마천루 자체를 싫어하진 않습니다), 제 시선도 그 빽빡한 건물들의 압박에서 벗어나지 못할 거라는 막연한 편견이 있었으니까요.
돌이켜 보면 제가 사는 부산의 빌딩들이 만들어내는 스카이라인이 저의 눈과 마음을 더 갑갑하게 만들 때가 많았네요. 순전히 저의 느낌이지만, 같은 폭의 가로를 보아도 건물의 높이가 제각각인 부산보다 고층 건물이 늘어선 서울의 거리가 도리어 시선을 집중시켰습니다. 건물의 꼭지로 분산되지 않은 시선이 자연스레 가로 끝으로 모였고 그에 따라 제 눈은 더 편안했던 것 같네요. 거기에다가 부산은 서울보다 토지 면적 중 산지 비율도 높은데, 역사적 배경으로 인해 많은 건물이 산복도로를 비롯한 경사지에 자리 잡고 있지 않습니까? 낮은 건물 뒤로 보이는 높은 건물의 배치, 그리고 그것의 반복과 혼잡은 마치 쉼표 하나 없는 문단을 한 번에 읽으라는 것과 같았습니다.

여하튼, 저는 고층 빌딩을 줄짓지 않으면서도 도보를 걷는 행인의 시선을 분산시키지 않는 방법이 과연 없을까 생각해 보았습니다. 바로 이 빈의 거리처럼 인접한 건물의 높이를 반듯하게 맞추는 것이었습니다. 명화 속 배경처럼 일자로 쭉 그어진 건물들은 눈을 편안하게 만들었으니까요. 하지만 이 그림 같은 모습을 한국에 그대로 들고 오기는 아무래도 힘들겠죠? 자칫하면 개인의 재산권 행사를 침해하는 것으로 비칠 수 있으니까요.

자기가 가진 건물의 층수나 높이를 내 뜻대로 정해 올리겠다는데 옆에서 딴지 거는 이를 달가워할 집주인은 많지 않을 겁니다. 하지만 그러한 통제(또는 지도)를 받음으로써 인근 거리로의 관광객이나 주민의 유입을 증가시키고, 그것이 지가 상승이나 여타의 이익으로 되돌아오는 것이 보장된다면 못 이기는 척 따라주는 것도 현명한 처사일 텐데요.

그렇지 않을까요?

현상의 분석에 있어서 역사가 남기고 간 상처를 완전히 무시할 순 없을 겁니다. 우리는 불과 몇십 년 전에 독재정권을 겪었습니다. 가슴 아픈 민족전쟁의 비극을 직접 경험하신 분들도 아직 살아계시고요. 독재와 전쟁. 저는 이 두 가지 굵직한 경험이 현대 한국인의 마음속에 집단적 트라우마로 남아있다고 생각합니다. 그래서인지 우리는 개인의 권리(재산권을 포함한 넓은 의미의 인권)를 국가가 건드리는 거나 공동체를 위해서 조금은 내려놓으라는 사회주의적 의식은 낯선 정도를 넘어 일종의 거부감까지 불러일으킵니다. 설령 그것이 합리적인 이득을 가져다줄 수 있을지라도 말이죠.

교수님, 언제까지 우리는 유럽의 정갈하게 예쁜 도시를 부러워하고만 있어야 하는 걸까요? 언젠가는 시간이 다 해결해 준다지만, 그때까지 마냥 손가락만 빨고 있을 수는 없지 않나요?

오스트리아 빈에서.

성진 올림.

조금은 뜬금없다만

마주치는 손바닥이 얼얼했던 건 어쩌면 영혼의 울림이었을까.

생애 첫 오케스트라였다. 중학교 교복 입고 방학 숙제로 음악회 보러 간 것을 놔두고서도(그땐 티켓을 풀로 붙인 보고서 제출이 주목적이었지만), 이리도 웅장한 대열의 악기들을 눈앞에서 영접한다는 게 나는 도무지 실감이 나지 않았다.

빈 필하모닉 오케스트라(Wien Philharmonic Orchestra). 필하모닉의 뜻도 몰랐던 촌놈이 용케 그 이름은 들어 본 적이 있었다. 세계 3대 교향악단이라는 것은 교환학생 과정 중에 처음 알았는데, 빈을 가야겠다고 마음을 먹은 것도 단지 왕복 기찻값이 생각보다 쌌다는 것과 내가 사는 곳에서는 프라하를 가는 것보다 빈을 가는 게 더 금방이라는 점이 끌렸기 때문이다.

의도는 가벼웠으나 현실은 묵직했다.

코루나(체코의 화폐)만 써 본 나로서는 유로를 쓰는 이 무서운 나라에 혀를 내둘렀다. 유럽 감성이 잘 입혀진 관광도시는 내 지갑에 해롭다는 걸 확실히 체감했다. 그 가격이 비싸다고 느껴지는 너는 정말 체코 사람이 다 됐다는 친구의 말마따나, 먹는 것도, 마시는 것도, 거리의 주전부리 하나마저도 지갑에서 돈을 꺼내는 내 손을 떨게 했다.

다시 본론으로 돌아와서, 실망과 좌절로 얼룩진 내 1박 2일 빈 여행의 마지막 일정인 오케스트라를 보기 위해 나는 무지크페라인(Musikverein Wien, 빈 음악협회)에 당도했다. 젠틀맨 느낌 물씬한 노신사들, 마담이라 불러드려야 할 것 같은 부인들 속에서 나는 셔츠의 단추를 정갈하게 잠글 뿐이었다. 그 묘한 분위기는 나의 가벼운 발걸음마저 근대 유럽 귀족의 것으로 만들어 버리는 마력이 있었다. 1유로 남짓한 돈으로 코트를 맡길 때쯤엔 나는 이미 19세기 구스타프 말러를 만나기로 했던, 어느 한 백작이 되어있었다.

그런데 클래식을 너무 가볍게 본 것에 대한 벌이었을까?

단 한 곡도, 여덟 악장 남짓한 교향곡 (심지어 그날 프로그램은 그 유명한 하이든과 모차르트였다!) 중에서 도저히 들어본 곡이 없었다. 내 배경지식이 얕았던 까닭인지, 아니면 그네들이 대중들에게 유명하지 않은 곡만 골라서 했던 것인지는 몰라도 확실히 생전 처음 듣는 선율이었다.

근데 재밌는 건, 이건 내가 미술보다 음악을 훨씬 좋아하는 이유이기도 한데, 그날 공연이 비록 전문적인 지식이 없는 나에게도 큰 울림을 주었다는 것이다. 물론 각 악장에 담긴 주된 선율의 의미와 악기 각각의 소리의 화합이라든지 작곡의 배경, 작곡가의 인생, 해당 시대의 음악 스타일 따위를 배웠다면 더 깊은 울림이 느껴졌겠지만, 그렇지 않더라도 충분했다는 말이다.

지휘자가 잘 보이는 좌석에 앉은 나는 선생님이 선율에 따라 춤추시는 것을 여과 없이 볼 수 있어서 행운이었다. 악단의 연주에 감응한 마에스트로의 손이 사그라질 때 내 심장도 천천히 피를 뿜었으며, 그의 팔이 위아래로 격렬히 움직일 때 내 눈썹은 따라 리듬을 탔고, 그의 발이 절정을 향해 구를 때에는 내 손가락 하나하나가 제멋대로 날뛰고 있었다.

하나 아쉬웠던 것은 호른 연주자가 바로 보이지 않는 좌석이었다는 것. 그나마 장엄한 악장 속에서 호른 소리는 구분해서 들을 수 있어서 다행이었다. 그건 내가 불었을 때 나는 소리와는 차원이 다른 섬세함이었다. 부드러운 소리가 내 심장을 톡톡 두드려

주는 그런 고퀄리티의 호른 연주를 나는 과연 평생을 연습해도 할 수 있을까 싶다.

"빈 필하모닉? 야 그거 내가 들어봤는데 진짜 좋더라!" 따위의 가벼운 말로 이 느낌을 흘리고 싶진 않다고 생각을 하면서, 손바닥이 아프도록 기립 박수를 보냈다는 것으로 끝맺음.

어쨌든 돈은 많고 볼 일이다

"예체능은 돈 있는 집 애들이나 하는 거잖아."

누구의 말이었을까. 확실한 건 이 말을 누군가가 나에게 해 줬던 기억이 있고 어린 나는 그 말을 주문처럼 계속 곱씹었다는 것이다.

그래서였을까. 돌이켜보면 나의 문화생활은 다분히 다채롭지 못했다. 클래식이라곤 유명한 작곡가들 한두 명, 그마저도 남들 다 알만한 흔한 멜로디만 아는 것이 다였다. 음·미·체 중에서 흥미가 있었던 두 개는 그나마 좀 사정이 나았을지는 모르겠다. 미술은 내 인생에서 아예 존재하지 않았다고 봐도 무방했다. 어릴 때부터 내 그림 실력이 원체 형편없기도 했거니와, 내 눈으로 봤을 때는 도무지 의미를 짐작할 수도 없는 작품들에 무수히 많은 해설과 비평이 덧대어지는 걸 모면, 뭐랄까… 좀 재수 없었다.

아무튼, 그때 그 아이가 어디서 돈이 막 생긴 것도 아닌데 교환학생이라는 우연한 기회 덕에 문화생활을 원 없이 누릴 수 있었다. 빈에서 생애 첫 오케스트라 연주를 마주했고, 프라하에서 수준 높은 인형극을 보았으며, 런던에서 그 유명한 뮤지컬을 두 개나 담을 수 있었다. 내 눈과 귀에 가득.

게다가 이놈의 파리란 도시는 무슨 박물관이나 미술관 따위가 어찌나 많은지. 교과서에서나 보았던 명작들이 바닥에 깔린 듯했다. 길거리에 있는 아무 갤러리에 들어가 파리지앵 행세를 하고 있노라면, 백 년 전 피카소나 고흐가 즐겨 갔다던 술집의 감성을 느끼고 있노라면, 마치 내가 대단한 무언가가 된 것 같은 기분 좋은 착각이 들었다.

이렇게 직접 문화생활을 즐겨보니 역시 돈은 많고 볼 일이라는 생각이 더욱 커졌다. 돈으로 살 수 없는 것도 있고, 돈 없어도 살 수는 있고, 돈이 다가 아니란 것도 뭐… 틀린 말은 아니지만, 아무래도 삶의 질을 논할 때는 돈을 무시할 수 없었다.

'아냐. 돈 넘치게 가지고 있어도 불행한 삶을 살았던 사람들도

많잖아…. 그 사람들보다는 없이 살아도 행복한 내가 더 낫지 않을까…?'

이 훈훈한(?) 자기 위로는 아쉽게도 얼마 가지 못했다.

숙소로 돌아가는 길에 사 먹은 맥도날드 햄버거 하나, '카드 잔액 부족'이 떠 있는 단말기 하나에 내 행복과 만족은 온데간데없어지고 머리는 새하얘지고… 금세 암울한 생각이 그 자릴 채워 버렸으니.

여하튼 예술이고 나발이고, 돈은 많고 볼 일이다.

열심히 살아야겠다는 다짐이 무럭무럭 솟는 밤이었다.

마음속 스케치북에 빈칸이 남아 있는지

유럽으로는 파리에서 처음으로 시내 투어라는 걸 해 보았다.

원래 나는 여행을 할 때면 같이 간 친구들과 생경한 공간들을 하나씩 정복하곤 했다. 그런데 파리라는 곳은 워낙 장소에 얽힌 역사가 길기도 하고 마침 그땐 일행도 없었으니 한 번쯤은 이런 것도 나쁘지 않겠다 싶었다.

결과적으론 아주 만족스러웠다. 투어에서 설명을 듣지 않았다면 가볍게 흘려 지나쳤을 순간들이 적잖은 의미를 지니고 내 추억 속에 자리했다. 당연히 돈은 하나도 아깝지 않았겠다.

언제부턴가 마음속 스케치북에 훗날 마주할 나의 모습을 여럿 그려 놓는 버릇이 있었다. 그중 하나는 꿈이라는 제목을, 다른 하나는 장래 희망이라는 제목을 적어뒀다. 그리고 개중에는, 거창한 제목 붙이기가 조금 민망한 모습이 있었다. 전문적인 나의 직업으로 삼을 것도 아니고 그 일 해서 돈을 많이 벌고 싶다거나 죽기 전에 꼭 해봐야겠다는 대단한 것도 아니었다. 그저 한 번쯤은 이렇게 살아보는 것도 괜찮겠다는 모습. 다소 가벼운 나의 상(像).

가이드 깃발을 들고 있는 내 모습이었다.

매번 새로운 사람들을 만날 수 있는 데다가, 남들에겐 반 고흐의 '아를의 별이 빛나는 밤' 같은 순간이 내겐 일상이란 퍼즐의 한 조각이 된다는 게 퍽 매력적으로 보였을 거다. 아마 막 어른이 되었을 때까지는.

기뻐해야 할지 슬퍼해야 할지 모르겠지만 군대와 아르바이트는 직장을 다녀보지 않은 내게도 사회생활이란 걸 맛보게 해줬다. 남의 돈 벌어 먹고살기가 생각보다 쉬운 게 아니며 세상엔 내가 좋아하는 것만 하고는 살아가기 힘들다는 것을 알게 되었다. 그러니 '재밌으면 계속하고 힘들면 그만두지'라는 가벼운 마음가짐으로 스케치북에 그림을 그린다는 건, 내겐 일종의 사치에 불과했다. 그저 버티는 삶에서.

"저라고 뭐 이걸 천직이라고 생각하진 않아요. 사람 다 똑같잖아요! 서면 앉고 싶고, 앉으면 눕고 싶고, 누우면…."

"자고 싶고."

"그래, 자고 싶고. 그러니까 내가 하려던 말은, 아침에 눈 떴을 때 일어나기 싫은 건 누구나 마찬가지란 거죠. 근데 그다음이 달라요. 일단 일어나서 내 일을 시작하기만 하면, 나는요, 점점 힘이 솟아요."

'이건 내가 좋아하는 일이니까요'라고 하고서는, 가이드님은 쌀국수를 마저 먹기 시작했다.

어쩌면 만만한 핑계였는지도 모르겠다. 사회생활이나 사치, 재밌고 말고를 다 떠나서, 좋아한다는 이유 하나만으로도 스케치북에 색연필을 갖다 대는 사람들이 있었다.

그렇게 못했던 나는 그저 용기가 없었던 거고.

혹시 알고 계셨나요

"고향에 돌아가고 싶은 마음은 없어?"

J는 크게 한숨을 내쉬었다.

"고향? 거기 땅을 밟는 순간 난 체포당할걸? 어쩌면 소리소문없이 죽을지도 모르지."

인류의 발달사는 다른 이름으로 자유의 역사라 할 수 있겠다. 빈곤으로부터 자유, 노동으로부터 자유, 계급이나 신분으로부터 자유, 이제는 돈으로부터 자유까지.

인류사의 모든 굵직한 사건들은 그 외형만 조금씩 달랐을 뿐, 자유라는 최고의 가치를 위해 촉발되었다고 생각한다. 자유가 최고의 가치라는 말에 거부감이 느껴질 수도 있다. 흔히들 인간의 생명보다 소중한 게 어딨냐고들 하는데, 다들 알겠지만 그런 건 차고 넘쳤다.

우리 인간은 일신(一身)의 자유를 위해, 집안의 경제적 자유를 위해, 민족의 해방을 위해 얼마나 같은 종족의 목숨을 쉽게 앗아간 존재였는가.

정당방위에 의한 살인, 민족해방운동에 따른 테러, 독립전쟁….
지금껏 우리는 자유라는 안대 뒤에서 쉽게 눈을 가릴 수 있었다.

그리고 인정하긴 싫지만, 역사는 되풀이될 거고 인간은 또다시 같은 실수를 반복할 테다.

"그들은 우리의 모든 것을 감시해. 거리, 식당, 심지어는 집 안 구석까지 도청 장치가 있지. 그거 알아? 우린 가게에서 물건을 살 때도 생체 인식을 해야만 해. 우리가 매 순간 어디 있는지 효과적으로 파악하기 위해서지."

체코의 한 펍에서 처음 만난 J는 내게 무척이나 고마워했다. 자기 민족을 알아본 친구는 네가 처음이라면서. 난 그저 '신장 위구르'라는 단어의 조합을 언젠가 한 번 교과서에서 본 적이 있으니 알은체를 했을 뿐인데.

부끄럽게도 난 정말 그의 민족에 대해 아는 것이 별로 없었다.

그래서 그가 폴란드의 한 역사적인 장소를 같이 가자고 했을 때, 흔쾌히 답을 주지 못했던 것이다.

중국의 영토 안에 속해 있으면서도 중국과는 확실히 다른 지역.
종교, 언어까지 완전히 다른 민족. 독립을 위한 테러 사건 등….
인터넷을 뒤져서 했던 어설픈 예습은 의미가 전혀 없지는 않았겠다.

ARBEIT MACHT FREI
[노동이 너희를 자유롭게 하리라]
여행지에서 구름 낀 우중충한 날씨에 그토록 감사한 날이 없었다. 만약 햇살이 반짝거리는 날이었다면 난 아마 감정이 북받쳐 올라 그만 주저앉았을지도 모른다. 쾌청한 날씨에 시원한 바람을 맞으며 가스실로 끌려가는 그들의 모습이 계속 아른거렸을 테니까.
아우슈비츠 수용소(Auschwitch Camp).
폴란드 어로 오시비엥침(Oświęcim)이라는 이름을 가진 그 학살의 현장을 찾아가게 된 건 확실히 J의 노력이 컸다.
"그들은 우리 각자의 피, DNA까지 몽땅 가지고 있어. 우리를 가둔 수용소에선 사람들이 너무도 쉽게 죽어가고 있지. 그들은 우리를 상대로 불법적인 생체 실험을 멈추지 않아. 근데 제일 끔찍한 게 뭔 줄 알아? 대다수 중국인이 이 사실을 모르는 거? 아냐, 그건 바라지도 않아. 정작 그 안에서 비극을 겪는 우리 민족이, 위구르인 스스로가 제대로 상황을 인식하지 못하고 있다는 거야!"

복도에 걸린 수많은 남녀의 수용소 입소 사진을 보면서, 이상하게도 나는 낯설다는 느낌을 받지 못했다. 다른 인종의 얼굴에서 우리 아빠가 보였고, 엄마의 미소가 비쳤으며, 내 바보 같은 친구들 모두가 거기 있었다. 그들 또한 누군가의 가족이자 마음을 나눈 친구였으며, 호흡이 잘 맞는 동료였을 것이다.

그런 그들이 검지의 3kg 남짓한 힘에 눈을 감았다든가 '지클론-B'라는 가스 따위에 더는 숨을 쉴 수 없었다는 게, 내겐 너무도 비현실적이어서 도무지 실감이 나지 않았다. 정말 말도 안 되는 이유와 실로 조잡한 재판을 거쳐 끌려간 '죽음의 벽' 앞에서 그들이 생애 마지막으로 쳤을 뒷걸음질이 내 가슴을 마구 두드렸다.

입소 후 3개월 된 아주머니는 어떤 죄목으로 머리에 구멍이 났는지, 퍽 닮은 쌍둥이 동생은 언니가 자기 앞에서 굶어 죽을 때 자신 또한 2주 뒤엔 싸늘한 시체가 되어있을 거라는 걸 어렴풋이나마 느꼈는지를, 나는 앞으로도, 영원히 알 수 없을 것이다.

"우리에게 대체 무슨 잘못이 있는 거야? 민족이 위구르인이라는 거…? 진짜 그거 때문이야?"

"그건, 네 잘못이 아니야…."

나는 전쟁이 무서운 이유가 사람이 종잇장처럼 쉽게 죽어가는 것에 있다고 생각하지 않았다. 그보다 내겐 한나 아렌트의 말처럼 '악의 평범성'이 더 컸다. 평범한 가정의 성실한 가장이나 애국심 가득한 청년을 그토록 잔인한 악마로 탈바꿈시켰다는 것이, 인간을 인간으로 대하지 않는 악행에 무덤덤하게 손가락을 움직이게 했다는 것이, 그게 나는 너무 무서웠다.

그건 대체 어떤 종류의 자유를 위함이었을까. 얼마나 귀중한 자유였길래 그토록 끔찍한 학살을 정당한 임무로 보이게 만들었을까.

"너는 그냥 지나간 일로 배우면 되겠지. 앞으로 이런 일이 일어나게 두어선 안 된다 정도로. 하지만 우리의 역사는 계속되고 있어. 지금 이 시대에 상상도 안 되는 일들이 내 민족에게 벌어지고 있단 말이야."

'너의 심정을 이해할 수 있을 것 같아. 우리도 그와 비슷한 역사를 겪었으니까'라는 나의 말을 그는 못마땅히 여겼다. 어쩌면 그의 말이 백번 맞았다. 이제는 교과서에서나 영화에서 보고 되새겨야만 하는 일제강점기와 달리 중국의 '소수민족 탄압(말살) 정책'은 현재진행형이다.

노동은 그들을 자유롭게 하지 못했다. 그들은 죽어서야 자유로울 수 있었다.

아우슈비츠의 악몽은 아직 끝나지 않았다.

"고마워, 지금까지 내 얘기를 듣고 함께 슬퍼해 줘서. 그렇지만 운다고 해결되는 건 아무것도 없어."

Next Station is Letchworth Garden City

처음이었다. 온종일 한국인을 보지 못한 것은.
그러니 그날은 가히 일기장에 끄적일만한 날이었다 하겠다.

내가 밟고 섰던 그곳의 이름은 '레치워스 가든 시티'이다(우리에겐 가든 시티보다는 전원도시, 혹은 신도시라는 이름으로 알려져 있다).
도시 계획을 공부하는 학생들에게는 살아있는 전설과도 같은 곳이지만 아무래도 비전공자에게는 다소 생소한 이름이겠다.
"영국까지 여행 가서 뭐 그런 외딴곳을 가냐!?"

각자 여행을 하다가 런던에서 다시 만나기로 했던 친구가 남긴 비웃음이 머릿속에서 떠나질 않았다.

말은 하지 않았지만 다른 친구들도 어느 정도는 그런 생각을 하고 있었을 테다.

아무튼 헐값의 영국행 비행기 티켓으로 얻은 기회를 현장 체험 학습으로 일부 투자한 것을 난 단연코 후회하지 않았다. 쾌적하게 조성된 초목 속에서의 치유는 기본이요, 여유가 넘쳐흐르는 사람과 건물, 자연을 내 눈에 가득 담았으니 돌아가서 맘껏 연구할 일만 남았다고 일기장에 적었다. 기억 속 그 느낌을 끄집어내려면 조금은 헤매야겠지만 말이다.

-에베네저 하워드[1850-1928, 前 영국의 속기사]

오늘날 전원도시를 이 사람 빼놓고 설명하기가 힘든데, 전원도시 개념을 만든 창시자이자 선구자인 동시에 실제로 그것을 두 개나 만드는 데 지대한 공을 세운 분이었다. 개인적으론 이분 원래 직업이 도시계획가나 건축가가 아닌 속기사였다는 게 흥미로웠다. 의외로 제인 제이콥스(Jane Jacobs, 본업이 언론인)나 르코르뷔지에(Le Corbusier, 본업이 건축가) 등, 도시계획학의 초석을 다진 거장들의 출신은 다양했다. 이것은 도시라는 유기체의 복합성을 대변해 주는 것일까? 아님 '도시계획학'이라는 것이 애초에 고유한 정체성이 없는 학문이었단 말인가? 내 나름의 결론은 전공 책 속에 덮어 두었다.

어쨌건 이분, 산업이 고도로 발달한 런던의 노동자들이 극도로 열악한 환경에서 사는 것이 눈에 밟히셨다. 그래서 아픈 마음을 부여잡고 농촌과 도시 각각의 장점만 쏙 빼서 이상적인 전원도시(garden city)를 만들고 싶으셨다.

그러고는 실제로 만들었다! 많은 경우에 선구자들의 철학이 실현되려면 시간의 경과가 필요한 것을 미루어 보았을 때, 생전에 굵직한 결과물을 두 개나 낸 것은 실로 경이로운 일이었다(사실 당시 영국의 도시 인프라가 그만큼 심각하긴 했다는 것도 한몫한 듯하다).

"하지만 레치워스는 하워드의 원래 계획대로 흘러가진 못했습니다. 어떻게 보면 실패작이죠."

-2018년 겨울 언저리, 존경하는 나의 교수님

그런데도 여전히, 그 도시는 나를 강하게 끌어당겼다.

엉뚱한 짓을 일삼던 한 속기사의 따뜻한 마음만큼은 아직 넉넉히 남아있었으니, 그 온기 내가 조금 받아 가도 될 것 같았다.

2

부산

남들만큼은 살고 싶지만 남들처럼 살고 싶지는 않아

(피부 하나는 누구보다) 좋을 때를 보내던 우리는 좀처럼 손에 잡히지 않는 미래를 그려보며 하루하루를 버텼다. 꿈을 향해 달려 나가야 하는 시기에 버틴다는 표현이 좀 그럴진 모르겠으나 아쉽게도 마땅히 대체할 말이 없었다. 그럴 때면 우리는 서로에게 묻곤 했다. 나중에 커서 대체 무얼 하고 있을는지.

"뭘 하고 있을지는 모르겠고, 딱 남들만큼만 살았으면 좋겠다!"

남들만큼, 남들만큼이라…. 우린 남는 게 시간이었으니 그 모호한 개념의 선을 함께 상상해봤다.

아파트 지하 주차장에 잘 모셔다 놓은 중형차 하나? 하하호호

웃을 수 있는 화목한 가정? 애들 사교육비 정도는 무리 없이 감당하는 예금 통장 잔액?

저마다 숫자로 정해놓은 바닥 선은 제각기 다름에도, 우리가 대강 '남들만큼'이라는 말에 떠오르는 일반적인 이미지는 엇비슷했다.

세상에 '남들만큼'처럼 보편성을 띠는 말이 또 없는데, 주위에서 자기가 남들만큼은 산다는 이를 발견하기 힘든 게 그저 놀랍고 신기했다. 대부분의 내 친구들은 자기가 남들만큼은 살고 있으니 이 정도면 만족한다고 말하지 않았다. 다들 허리에 괴상한 봇짐 하나 정도는 숙명처럼 달고 살아갔다. 아직은 이 혹이 떨어지지 않았겠거니 하고.

없진 않지만 더 많이 가져야 사랑도 이어갈 수 있는 이 세상에서
(박원 - all of my life 중에서)

이제는 유명해진 한 가수의 노랫말을 처음 들었을 땐 세상 사는 게 다들 엇비슷하구나 싶었다. 분명 어딘가엔 나보다 불우한 환경에서 아등바등 살아가는 사람이 있는 걸 아는데, 내 삶도 이 정도면 나쁘진 않다는 걸 아는데도 더 많이 가지려고 노력하는 게 인간이었다. 그게 돈이 되었든, 사람이 되었든, 경험이 되었든.

웃긴 건, 그 와중에 또 이 사회는 나를 가만두지 않았다는 거다. 세상에 쏟아져 나왔던 '나 찾기'와 관련된 도서들. 개성을 잃지 말고 너의 삶을 살라고 격려하는 책들 속에서 나는 남들처럼 평범하게 노력하는 것이 마치 죄인 줄 알았다. 너만의 독특한 옷을 입어야 한다는 그 말에 고개 끄덕이면서 나는 자발적으로 강박 속에 자신을 가뒀다. 평범이란 틀에서의 해방은 그렇게 다른 모양의 구속이 되어 나를 조여왔다.

돌이켜 보면 나 역시 격렬하게 남들과 다른 나만의 인생을 살고 싶을 때가 있긴 했다. 내 미래를 혼자서 스케치하고 오롯이 내가 좋아하는 색깔의 물감만을 듬뿍 붓고 싶은 강력한 욕구 말이다. 그걸 하지 못하면 나라는 사람이 내가 아닐 것만 같은 그런 불안감에 휩싸이면서까지, 강박은 나의 삶을 지배했다. 어김없이 현실의 벽에 부딪히면서도 그 충동을 완전히 놓아버리기란 여간 어려운 일이 아니었다.

부모는 자식에게 많은 걸 바란단다. 그러다 안 되면 평범함을 바라지. 그게 기본적인 거라고 생각하면서. 그런데 말이다. 평범하다는 건 사실 가장 이루기 어려운 가치란다.

(손원평 - 아몬드 중에서)

평범한 아이, 평범한 학생, 평범한 어른,

평범한 남편, 평범한 아내, 평범한 사람,

그리고 평범한 삶.

지금도 난 평범이라는 태양으로부터 크게 멀어지지도, 반대로 아주 가까워지지도 못한 채 그저 한없이 왔다 갔다 하고 있다.

마치 파에톤이 몰았던 마차처럼.

그 길 끝에 무엇이 있는지는, 나도 모른다.

도시의 저주, 어쩌면 선물

하나님이 자기 형상 곧 하나님의 형상대로 사람을 창조하시되 남자와 여자를 창조하시고 하나님이 그들에게 복을 주시며 그들에게 이르시되 생육하고 번성하여 땅에 충만하라….
(창세기 1장 中)

진화론보다는 창조론이 사고방식에 있어서 지배적일 수밖에 없는 크리스천으로서도, 하나님이 사람을 지으시고 가장 먼저 내린 명령(말씀)이 생육과 번성이라는 것은 참 흥미로운 일이다.

생육과 번성. 다른 말로 생존과 번식은 다윈의 진화론에서 핵심 개념이다. 그를 위시한 진화론자들은 인간을 포함한 생물의 모든 특성을 생존과 번식이라는 일관된 목적을 달성하기 위한 도구라고 보았다.

읽는 내내 놀라움을 감출 수 없었던 〈행복의 기원〉이라는 책에서, 심지어 서은국 교수는 인간의 궁극적인 목적이라 여겨졌던 행복마저도 생존과 번식에 필요한 일개 스위치에 불과하다고 주장했다.

그의 책에서 흥미로웠던 게 여럿 있는데, 그중 인간이 타인과의 관계를 맺으면서 얻는 안정감과 행복이 실은 생존과 번식을 위한, 효과적인 유인책에 불과하다는 주장은 꽤 설득력 있었다.

실제 과거 농경 중심의 사회에서는 옆집 사람을 비롯한 마을의 모든 사람과 끈끈한 관계를 맺었고 또한 그런 관계를 '맺어야만' 했다. 협동작업에서 오는 생존확률의 증가는 놔두고서라도 한 마을의 커뮤니티로부터 배제당한 사람은 생활 전반의 측면에서 거의 모든 것들을 포기해야만 했었으니까. 달리 사람이나 물자에 대한 선택지라는 게 없었다.

그럼 지금 우리가 사는 도시는 어떨까?

가끔 이런 생각을 한다. '기술의 발전 속도가 너무나 빠른 나머지, 인간 DNA의 업데이트 속도가 미처 따라오지 못하고 있는 건 아닐까'하고. 이제 우리는 옆집 사람과 '내키진 않지만 불가피한 관계'를 맺지 않아도 된다. 일도, 식량 조달도, 여가 생활도. 본인이 원하지 않는다면 사람을 마주 보지 않고도 얼마든지 할 수 있다.

현대의 도시는 한 지붕 아래 사는 이웃과는 어색하게 지낼지라도 차로 한 시간 거리 떨어진 친구와는 만족스러운 관계를 맺을 수 있는 좋은 무대이다. 여기서 중요한 건, 이런 형태의 생활방식이 우리의 생존과 번식에 별다른 지장을 주지 않는다는 것이다. 오히려 도시는 우리에게 선택권의 확대로 인한 자유를 선사했다.

한국의 현대사회는 급격한 도시화의 과정 중에서도 삭막하고 정 없는 사회가 되는 것을 무던히도 경계해 왔다. 우리가 학창 시절에 접했던 수많은 문학 작품들은 그 파수꾼 노릇을 톡톡히 하였다. 그들의 숭고한 의지를 깎아내리고자 하는 마음은 추호도 없다. 다만, 이웃 간의 정(情)이란 게 어쩌면 우리 낡은 DNA가 만들어낸 환상이 아닐까 하는 생각이 좀처럼 떠나지 않는다. 따뜻한 정 싫어하는 사람 어딨겠냐만 유교 문화권에서 말하는 정, 그리고 그토록 우리가 지키고자 했던 가치가 과연 오늘날 도시 생활에 필수적인지는 의문이다.

어쩌면 도시는 우리에게,

무정이라는 저주를 내린 게 아니라 자유라는 선물을 준 걸지도 모른다.

조금 일찍 철이 들었던 내 친구 이야기

있잖아, 나 고등학교 다닐 때 말이야,
다들 그렇듯 나 또한 친하게 지내던 한 무리가 있었어.

그 애들?
왜, 학교에서 공부깨나 한다는 학생들을 모아서 자습 같은 걸 시키곤 하잖아. 거기서 만난 애들이야. 생판 처음 보는 친구들이었지. 근데 대학 탐방이니 특강이니 뭐니 하면서 종일 부대끼며 살아서 그런지, 나중엔 있던 정 없던 정 다 생기고 말았어.
우린 나름 끈끈했었지.

수능 끝난 기념으로 다 같이 여행을 떠나기도 했어. 밤에 불 꺼 놓고 서로에게 비밀도 공유하고 그러면서. 아 맞다, 그때 혼자 무슨 생각을 했었냐면, 아마 이 친구들과는 평생 얼굴 마주하면서 살지 않을까 하는 뭐 그런 생각?

근데 그건 나 혼자만의 착각이었을까? 대학을 서로 다른 지역으로 진학하게 되면서 우리의 단톡방은 차츰 조용해졌어. 결국, 가끔 안부만 묻는 정도가 되어버렸지. 맨날 '다음에 얼굴 한번 보자'는 그런 사이 있잖아.

웃기지 않아? 다음은 무슨.

사실, 생각해보면 처음부터 그랬던 건 아니었거든.

대학 새내기 그 바쁠 때는 고등학교 친구들이 잠시 뒷전일 수도 있겠지. 근데 종강하고 방학을 맞이하면 타지에 있던 친구들도 으레 고향에 내려오기 마련이잖아? 그리운 학창 시절 친구들도 막 만나고 그러잖아.

우리도 그렇게 한자리에 모였지.

딱 한 명만 빼고 말이야.

"야, 왜 한 명이 없는데?"

"P는 못 온대?"

"어, 뭐, 그렇게 됐네…."

“왜? 걔 무슨 일이라도 생겼어?”

“몰라…. 이제는 자기랑 맞는 사람들이랑 노는 게 편하다더라.”

그나마 연락이 닿았던 친구에게 그 애의 소식을 들었을 땐 뭔가 섭섭했어.

아니, 사실 그때 옹졸한 내 마음은 화가 났던 게 분명해.

‘뭐야… 자기랑 맞는 사람들만 만나겠다니, 그런 무심한 말을 해? 우리랑 노는 게 그렇게 안 맞았다면 일찌감치 티를 냈어야지!’

3년 동안 쌓았던 우리 우정이 그저 너 혼자만의 일방통행 착각일 뿐이었다고, 누군가 내게 말하는 것 같았거든.

‘좋은 친구였는데….’

내 마음속에 응어리진 뭔가가 나를 놓아주지 않았나 봐.

여전히 같은 심정이냐고? 음… 아니, 조금 생각이 바뀌었어.

내가 그 친구를 이해하게 되었던 건, 아마 사회생활도 하고 군대도 가면서 일 거야. 세상에는 자발적이지만은 않은 관계라는 게 분명 존재했고 누구든 그걸 비껴갈 순 없더라고. 다들 각자의 위치에서 싫은 티 내지 않고 맡은 역할을 잘 수행해야 했잖아.

그런 걸 우리 스스로가 ‘사회생활’이라 이름 지었으니까.

나 역시 그렇게 맞지 않는 톱니바퀴들과도 맞물리면서 어떻게든 살아가고 있더라는 거지. 힘든 내색하는 것은 사치라고 생각했어.

어렴풋하게 머리로만 알고 있던 것이 삶 속에서 체감되고 사람 대하는 일이 세상에서 제일 어렵다는 걸 깨닫고 나서야 문득 그 친구가 떠오르더라.

'그 애도 이렇게 불편했을까?'

'안 맞는 친구들이랑 지내면서 스트레스도 많이 받았겠지.'

'내가 무심히 한 말에 상처도 꽤 받았을 거야….'

그 심정에 공감이 될수록 섭섭함이나 원망보다는 오히려 미안함이 앞서는 거 있지?

근데 참 신기하다.

이렇게 글을 적다 보니 이젠 그 응어리를 풀어야겠다는 생각이 들어!

그 애를 기분 좋게 용서해 주고 내 맘속에서 흘려보내야겠어.

그 애가 나에게 지은 잘못이 있다면, 그저 남들보다 조금 일찍 철이 들어버린 것뿐이니까.

안 그래?

소중한 나의 병영일기
- 일자: 2017.11.17.

급작스럽게 날이 추워졌다.

그래서 오늘은 동계 체육복과 함께, 고이 보관해 두었던 실과 바늘을 꺼냈다.

전투복과 대바늘이라…. 이 무슨 기묘한 조합일까 싶지만,

뭐, 나름 어울린다.

내가 군대에서 뜨개질을 시작하게 된 이야기를 누군가는 들어줬으면 한다.

남들은 한창 일할 때라고 했던 일병, 나의 국방시계는 누구보다

도 천천히 움직였다. 이것저것 시도해 보면 그래도 좀 낫지 않겠냐는 묘안이 떠올랐는데, 안타깝게도 내가 있는 곳은 첩첩산중 군부대였다. 무언가를 취미 삼기에는 현실적인 여건이 좋지 않았다.

도구의 제약을 크게 받지 않는 취미가 어디 없을까 하다가 찾은 게 바로 뜨개질이었다. 나는 바로 다음 날 대바늘과 털실을 주문했고 일주일 뒤 첫 코를 뜰 수 있었다.

뜨개질을 거기서 대체 어떻게 배웠냐는 질문을 많이 받았다.

그 비법은 유튜브를 비롯한 사이버 선생님들이다. 사지방(사이버 지식 정보방)에 털실 하나, 바늘 하나 들고 가서 영상 속 그들의 손놀림을 차근차근 따라하기만 하면 되었다. 그렇게 초6 때 배웠던 겉뜨기·안뜨기의 기억을 디딤돌 삼아 지금은 나름의 고급 패턴도 익숙해졌다.

목도리 두 개를 작년에 완성했고 올해는 조끼를 만들고 있다. 이번 겨울은 유달리 춥다고 하니 내 것을 끝내면 이번엔 엄마한테 선물할 카디건을 한번 만들어 보려 한다.

이러다 보면 내 작품의 폭이 시나브로 넓어지는 것 같아 기분이 좋다.

김 병장님이나 이 병장님은 나보고 할머니 같다며 놀려대지만, 내 나름대로 이것에 빠질 수밖에 없는 이유가 있다. 가수 ZICO의 노래로 그 답을 대신해 본다.

제일 감각 있잖아 자기 집 거울 앞에선 Yeah … 너나 나나 재나 we are ….
(ZICO - Artist 중에서)

우리는 모두, 아티스트라는 노래인데 나는 그 가사에 격하게 공감한다. '예술은 예술가들이나 하는 거고, 일상의 쳇바퀴를 도는 나와는 도저히 거리가 먼 것 같은' 당신에게도 꼭 추천하고픈 노래이다.

참 고맙게도, 뜨개질은 이런 나 역시 아티스트가 될 수 있다고 일깨워 주었다. 나를 비롯한 보통 사람들은 실면서 많은 것을 보고 느낀다. 일상이나 여행에서 그 보고 느낀 것을 감상하는 데에만 그친다면 감동이나 유익이 크지 않다.

그런데 내가 느낀 것을 나의 방식으로 표현할 수 있다면?

그 감상은 두 배, 세 배가 되어 돌아올 것이다.

뜨개질을 시작한 뒤로는 사소하거나 일상적인 것을 보아도 새로운 영감이 떠오른다. 조급한 마음에 그 떠오른 영감을 내 편물에 표현하고 싶어진다. 그건 편물의 패턴이 될 수도 있고, 털실의 색깔이 될 수도 있다. 그렇게 나의 영감을 하나씩 불어넣어 완성하면 그 목도리는 '세상에 단 하나밖에 없는 나만의 목도리'가 된다.

이런 말까지 하면 살짝 우습게 보이겠지만, 뜨개질을 배우면서 인생도 같이 배우는 중이다.

아무래도 첫 목도리를 뜰 때는 실수 한 번이 크게 느껴졌다. 수정하는 방법을 몰라 편물을 다 풀어 헤친 다음에 다시 시작하기도 했고 되돌아가는 시간도 꽤 걸렸다. 하지만 차차 기술을 배우면서 요령이 생긴 다음부터는, 능숙하고 빠른 손놀림으로 수정을 할 수 있게 되었다.

너나, 나나, 쟤나. 세상일도 다 그런 게 아닐까. 회사와 군대, 학교에서 처음 시작하는 초년생은 실수를 대처하는 데에 당연히 서툴 수밖에 없다. 그걸 만회한다면서 일을 더 크게 만들어 버리기도 한다. 그래도 그런 미숙한 초년생들을 따뜻한 눈빛으로 위로해 주었으면 좋겠다.

누구나 요령은 생기기 마련이니 그때까지만 잘 지켜봐 달라.

오늘도 내 뜨개질 기술이 늘고 있는 것처럼.

꿋꿋이 미래를 준비하고 있는 당신은 이 글을 읽으시면 안 됩니다

"넌 진짜 돈 잘 쓰는 여자랑 만나야겠다."

답 없는 인생 상담 중에 친구가 내게 해줬던 말이다.

"뭐래, 미쳤냐? 같이 뼈 빠지게 맞벌이를 해도 모자랄 판에."

"펑펑 쓰는 거 말고. 잘 쓸 줄 아는 여자 말이야."

나는 유복한 가정에서 태어났다.

라는 진부한 표현으로 시작하고 싶지만 아쉽게도 그렇지 못했다.

집에 먹을 게 없어서 배곯으며 살 정도는 아니었지만, 위로 사립대학 다니고 있는 누나가 두 명이나 있다 보니 집안 사정이 넉

녁지는 못했다.

한번은 내가 초등학생 때 남들 다 가는 태권도 도장 한 번 보내달라고 떼쓴 적이 있었다. 그때 엄마가 나를 불러 놓고 했던 말씀이 뭐였는지는 사실 정확히 기억나지 않는다. 다만, 엄마의 그 표정만큼은 여전히 내 눈에 선하다. 당신 자식 하고 싶은 거 하나 못 들어준다는 그 안타까움이, 괜스레 화내시는 얼굴 뒤로 느껴졌다.

나는 거기서 더 투정 부릴 수 없었다.

그때부터 이미, 나중에 하고 싶은 거 하면서 살려면 공부라도 열심히 해야 한다는 걸 잘 알고 있었는지도 모르겠다. 그런 이유로 난 열심히 공부했다. 없는 살림에 공부까지 못하는 건 너무 죄송스러웠으니까. 최소한 국립대는 가야 집안에 효도하는 건 줄 알았으니까.

"넌 나중에 어느 대학교 갈 거야?"

이와 같은 질문이 자연스러운 초등학교 교실에서 하버드와 옥스퍼드가 왔다 갔다 하는 가운데 나 혼자만 지방거점국립대에 머물러 있었다.

확실히 어릴 때부터 경제 관념이 잘 박혀있었던 것 같다. 또한, 그걸 스스로 자랑스럽게 생각했다. '요즘같이 살기 힘든 시대에 미리미리 준비해야지. 너힌 언제까지 그렇게 철딱서니 없이 살

래…?'

하지만 그 자부심은 나도 모르는 사이에 오만이 되어있었고, 잘 박혀있던 경제 관념은 언제부턴가 스스로 빼기도 힘든 강박의 갈고리가 되어있을 줄은 꿈에도 몰랐다.

성인이 되었다. 아낄 줄만 알았고, 벌 줄만 알았다.

시간이 남으면 어떻게든 경제활동을 하려고 했다. 내 수업 시간표에 끼워 넣을 수 있는 아르바이트를 찾아다니고, 또 찾고, 일하고, 돈 벌고.

맨날 생산적인 일을 하라고 들어서일까?

돈을 벌고 있지 않을 때는 나 자체가 마치 '비생산적인 사람'이 된 것만 같았다.

그렇게 돈을 꽤 벌었다.

아니, 돈은 꽤 벌었다.

하지만 쓰는 법을 몰랐다. 돈을 어떻게 버는 것만이 내 최대 관심사였지, 돈을 어떻게 쓰는지는 안중에도 없었으니까.

항상 미래의 나를 위해 모았으니 쓰는 것도 미래의 내가 할 것.

지금의 나는 열심히 벌고 하루하루를 그저 힘내서 살아갈 것.

그럼 언젠간 행복한 내가 되어있을 것.

스스로 이런 최면이라도 걸었던 걸까?

정신을 차려보니 의아했다.

합리적이라고 확신했던 과정들이 무너지는 것 같았다.

지금의 나는 '결혼도 해야 하는' 30대의 나를 위하여 죽도록 고생하고 저축하는 게 과연,

그때의 나는 '애들도 먹여 키워야 하는' 40대의 나를 위하여 죽도록 고생하고 희생하는 게 과연,

이후의 나는 '자식 대학도 보내야 하고 부모님도 모셔야 하는' 50대의 나를 위하여 죽도록 고생하고 투자하는 게 과연,

그때의 내가,

미래의 내가 정말로 원하는 걸까?

궁금했다. 미래의 나를 만나 물어보고만 싶었다.

하지만 그건 불가능했다.

그러니 기억 속 열아홉의 나라도 만나러 갔다.

|

벚꽃이 피어있는 학교.

교복을 입고 있는 나. 책상 위에는 [수능특강] 한 권.

앞에서는 따분한 목소리를 가진 국어 선생님이 고함치신다.

"노는 건 대학 가서도 실컷 할 수 있으니까 지금은 공부나 열심히 해!"

'아뇨, 선생님. 막상 대학 가보니까 아니더라고요. 노는 것도 놀아본 사람이 더 잘 놀고, 돈도 써본 사람이 더 잘 쓰고, 연애도 해본 사람이 더 잘하더라고요.'

닿지 않는 원망을 해 본다.

이번엔 고개를 돌려, 열아홉의 나.

눈에 도저히 생기가 없다. 넌 네가 지금 뭘 원하는지 알기나 할까? 지금 네가 대체 무엇을 위해 공부를 하는지 자각은 하고 살까?

나 자신이 봐도 안쓰러운 너에게 꼭 해주고 싶은 말이 있다.

"난 네가 그렇게 살지 않았으면 좋겠어. 미래의 행복을 위해서만 살 줄 아는 너는 미래에도, 그다음 나중에 가서도 여전히 오늘의 행복은 모를 테니까."

더는 미래의 행복을 위해서 오늘의 행복을 버리고 싶지 않다.

이왕이면 둘 다에 손을 뻗어 보련다.

비록 그것이 치기 어린 욕심이라 할지라도.

다만 네가 나보다 조금 더 용기 있었을 뿐

✉

총 드느라 여념이 없던 막내아들이 오랜만에 펜을 듭니다.

고된 군 생활에 퍽 정신이 없었는지 최근엔 집에 편지를 보내는 일이 뜸했네요.

이번엔 저와 친했던 한 동기 이야기를 들려드릴게요.

제겐 마음씨 착한 친구가 한 명 있었습니다. 괴팍한 선임에게 한껏 혼나고 온 날에는 부대 뒤의 산책로로 저를 데리고 가 그 선임 욕을 같이 실컷 해준 그런 친구였습니다.

우린 서로 말도 잘 통했고 힘들었던 군 생활을 함께해서인지 끈끈한 전우애 같은 것도 있었지요.

하지만 성격 차가 있었던 걸까요? 언제부턴가 우리 사이에는 마찰이 생겼습니다. 심각한 문제로 인한 건 아니었으니 너무 걱정하진 말아 주세요. 오히려 대수롭지 않은 것들이었답니다.

말실수 한 번. 배려 없는 행동 한 번이 우리 사이를 이다지도 갈라놓을 줄은 몰랐죠. 그렇게 우리는 서로에게 마음이 상해 버렸고 거의 1년 동안 한마디도 섞지 않았습니다.

근데 사회생활이라는 게 다 그렇다지만 군대라고 뭐 다른가요? 나와 이 사람 사이가 틀어졌다고 해서 마냥 안 볼 수 있는 그런 건 또 아니잖습니까.

우리는 꾸준히 마주쳐야 했습니다. 일하면서, 복도에서, 화장실에서.

서로 합을 맞추기라도 한 듯 눈길만 닿아도 곧바로 다른 곳을 응시하며 차갑게 지나갔지만요.

아빠, 우린 대체 왜 그랬던 걸까요?

그때 그 친구의 마음을 세세히 들여 볼 수는 없겠지만 아마 제 마음은 삐졌던 것 같습니다.

사람이 쪼잔하게 뭐 그거 하나 갖고 1년을 서먹서먹하게 지내냐 하는 그런 마음이요.

물론 저도 속으론 화해하기를 원했답니다.

'분명 좋은 사람이라는 걸 아는데.'

'저 친구도 썩 괜찮은 녀석인데.'

'우리가 이렇게 사소한 거로 틀어질 사이가 절대 아닌데….'

제가 먼저 사과하기만 해도 모든 게 좋아질 거라는 건 알고 있었어요.

다만 그게 말처럼 쉽지가 않더라고요. 누군가는 이걸 알량한 자존심이라 말할 수도 있지만, 그보다는 제가 용기가 없었다는 게 더 가깝겠습니다.

인간관계를 흔히 권력 관계로 보는 경우가 많잖아요. 둘 중에 좀 더 아쉬운 사람이 숙이고 들어가는.

그렇게 생각하니 저는 더더욱 먼저 사과하고 싶시 않있습니다.

'그 친구 없어도 난 잘 살 수 있어.'

'내가 뭐가 아쉬워서 먼저 사과를 해?'

'여기서 숙이고 들어가면 내가 지는 게 되잖아!'

스스로 합리화했던 건지 아님 진심이었는지는 모르겠지만 그때는 정말 이랬습니다.

그렇게 일 년이 지나갔지요. 우린 정말 남이 된 것처럼 살았습니다.

시간이 다 해결해 준 건지, 그 친구를 봐도 더는 아무렇지 않더라고요.

확실히 사람은 적응의 동물이란 말이 맞나 봅니다.

그러던 어느 날, 밥을 먹고 있는데 그 친구가 저를 부르는 겁니다. 잠깐 할 말이 있으니 얘기 좀 하자고.

정말 오랜만에 들어보는 목소리였습니다. '맞다 쟤, 저런 사투리를 썼었지?' 할 정도였으니까요.

저는 밥을 씹으면서도 뇌를 쉬게 할 수 없었습니다. '어떤 말을 하려고 나를 부르는 걸까? 해코지하려는 걸까? 지금 와서 우리가 무슨 대화를…?'

이런저런 걱정을 하면서도 저는 결국 그 친구를 찾아갔습니다. 그 애는 우두커니 서 있는 저를 보더니 같이 좀 걷자고 하더군요. 처음에 우리가 같이, 일 년 전에 실컷 걸었던 산책길을 걸으면서 저는 왠지 모를 웃음이 실실 새어 나왔습니다. 옆을 보니 그 친구도 웃고 있더라고요.

그제야 이게 뭔가 싶었습니다. 이렇게 마주 보며 쉽게 웃을 이들이 뭣 때문에 일 년 동안 서로 얼굴 붉히면서 지냈는지….

친구가 사과하더군요.

"미안해. 우리 별것도 아닌 거로 오래 싸웠다, 그렇지? 다시 친하게 지낼 수 있다면 잘 지내보자."

어쩌다 그 애가 저보다 먼저 사과를 하게 되었을까요?

권력관계? 자기가 더 아쉬운 쪽이라서?

글쎄요, 그런 게 아니었단 걸 아빠는 잘 알 겁니다. 단지 그 애가 저보다 조금 더 용기 있었던 거예요. 그날 그 친구가 저에게 해줬던 말은 제가 수천 번 속으로 연습했던 말, 그런데도 결국 하지 못했던 말이었으니까요.

이 편지를 쓰다 문득 초등학교 선생님의 훈계가 떠올랐습니다.

"먼저 사과하는 사람이 이기는 거야!"

애들이 싸웠는데 서로 화해하기를 머뭇거릴 때 주로 쓰이곤 하죠.

어릴 땐 말도 안 되는 말인 줄만 알았는데, 꼭 그렇지만은 않은가 봅니다.

우리 사이에 누가 이기고 누가 지는 건 이제 아무래도 상관없다만,

굳이 승패를 따지자면 제 친구의 판정승 정도로 해 두어야겠습니다.

울산에서.

성진 올림.

진짜 문제는 그게 아니었음을

머릿속에서 영원히 지우고 싶은 기억 하나가 있었다.

초등학교 6학년. 그때의 나는 나약했고, 많이 어렸다.

물론 나 혼자만 어렸던 건 아니었을 거다. 그랬다면 그날 내가 뺨을 맞을 일은 결코 없었을 테니까.

싫은 기억이지만 굳이 되짚어 보자면, 그래, 가을 하늘 쾌청한 체육 시간이었다.

여느 때와 같이 우리 학급은 발야구를 하고 있었고 그날 내 기분은 이상하리만큼 들떠있었다. 햇볕 따뜻한 오후에 반 아이들이 우우 모여서 하는 놀이가 어찌 재미없을 수가 있겠냐만, 나는 스포츠를 할 때만큼은 평소보다 조금 더 흥분하는 경향이 있었다.

그러니까 삐뚤게 나온 용기가 분명했다, 그건.

나는 그 당시에 친한 친구들에게 흔히 하던 말장난을 우리 반 한 아이에게 해 버렸다. 평소 성격도 악랄한 데다 약한 애들 괴롭히기를 특히 즐겼던, '하이에나 같은 새끼'라 불리는 아이였다. 강자에게는 약하고 약자에게는 강하다는 게 딱 맞는 애였으니까. 슬프게도 나는 그 약자 쪽에 속해 있었다.

"종 치고 교실에 남아라! 튀면 뒤진다!!"

깡다구도 없고 용기도 없는 데다 하다못해 도망칠 슬기마저 없던 나는 그저 두려움과 공포에 벌벌 떨며 교실에 앉아있었다. 싸움이라곤 해본 적도 없으니 맞서 덤벼 볼 생각은 애초에 할 수도 없었다.

"네가 잘못했으니까 너 뺨 한 대만 맞아라."

짜악.

볼이 얼얼했다. 눈이 핑그르르 돌았다. 눈물이 찔끔 흘러나왔다.

맞은 게 아파서가 아니라 서러워서 울었다.

'자기는 반 애들한테 맨날 더 심한 장난도 치면서 나한테 그걸 한 번 들었다고 때리다니….'

주위에 있던 친구 중에서 말리는 애 하나 없어서 서러웠고, 그런 내가 비참해 보여서 더욱 그랬다.

집에 와선 엄마한테 뺨 맞았다는 소리는 도저히 못 꺼냈으니 그저 베개에 얼굴 박고 소리 없이 울었다.

결국, 내가 힘이 없던 게 제일 문제였다고 생각했다.

그래서 수능 치고 가장 먼저 했던 것도 집 근처 무에타이 체육관에 등록하는 것이었다. 언젠가 길거리에서라도 그놈을 마주치기만을 고대했다. 만나기만 하면 있는 트집 없는 트집 다 잡아서 흠씬 패 줄 터였다. 뺨 맞았던 설움을 두 배, 아니 세 배는 갚아 주리라 다짐했다.

근데 그러고선 여태 그놈을 보지 못했다.

아니, 솔직히 말하자면 한 번 보긴 봤다. 몇 달 전 내 꿈속에서.

그런데 지금 생각해 봐도 의아스러운 게, 그놈 얼굴을 보기만 해도 주먹이 날아갔어야 할 자신감과 분노는 대체 어디로 사라졌는지, 꿈속에서 나는 또다시 열세 살 아이로 돌아가 괴롭힘당하고 있었다. 그러곤 땀에 흠뻑 젖은 채로 잠에서 깨어났다.

내겐 아직도 그 일이 트라우마로 남아있던 걸까?

최근에 읽은 심리상담의 권위자인 김용태 교수가 쓴 〈가짜감정〉이란 책엔 이런 내용이 있었다.

자신의 '진짜 감정'을 표현해 버리면 사회적으로 위험하다고 느끼기 때문에, 사람들은 그것을 '가짜 감정'으로 덮어버린다. 그러고는 자신의 '진짜 감정'을 무의식 속에 꾹꾹 눌러 넣는다. 당장 느껴지지 않으니 완전히 지워져 버렸다고 착각하기 쉽지만, 의식 속에서 느껴지지 않는다고 감정이 진짜로 사라진 건 아니니 언제든지 터져 나올 수 있다.

확실히 내 표면 감정(가짜 감정)은 뺨을 때린 그 아이에 대한 '화'가 맞았다. 하지만 무의식 깊숙이 들어있던 내 심층 감정(진짜 감정)은 사실 '공포'였다. 열세 살 수업 끝난 교실에서 혼자 떨고 있던 아이의 공포 말이다.

사실 해답은 무에타이에도, 당당한 깡다구에도 있지 않았다.

내가 정말 해야 했던 건 복수 따위가 아니었다.

그보단 먼저 뺨을 맞은 아이를 안아줘야 했다.

네 잘못이 아니라고 위로해줘야 했다.

이젠 괜찮다고, 더는 무서워하지 않아도 된다고 달래줘야만 했다.

조금 늦었지만, 이제라도 내 진짜 모습을 인정하고 돌봐줄 수 있게 해 준 김용태 교수께 이 글을 빌려 감사 인사를 전한다.

이 잔잔한 일상이 언제까지나 당연한 것은 아니기에

"흙 당근 이천 원어치 주세요."

"아유, 엄마 심부름 왔니?"

어릴 적 부모님 심부름으로종종 반찬거리를 사러 간 기억이 있었다. 어떤 친구는 그게 참 귀찮은 일이었다고 했지만, 난 나름 거기에 재미를 붙였었다. 반찬거리를 사는 그 행위 자체에 흥미를 느꼈다기보다는, 그렇게 사러 갔을 때 가게 아주머니들이 날 바라보며 지으신 기특하다는 표정에 기분이 좋았던 거다.

나는 뿌듯해했고, 엄마 역시 시장 볼 시간을 절약할 수 있었으니 우린 서로에게 윈-윈이었다. 거기다 일고여덟 살짜리 꼬마 아이가 장 본다고 이것저것 사고 있으면 주인아주머니는 과일 한두 개씩을 덤으로 끼워주기 마련이었다. 그건 또 그거 나름대로 보람찼다. 뭔가 내가 집안 살림에 보탬이라도 된 느낌이랄까.

아무튼, 그렇게 어릴 때는 엄마가 뭐 사 오라 하면 냉큼 달려 나갔다만, 이게 나이를 먹고 머리가 커질 때쯤 되니 사정이 달라졌다. 귀찮기도 귀찮은 노릇이지만 사춘기여서 그랬던 건지, 장 보다가 아는 친구라도 만나면 어쩌나 하는 쑥스러운 마음에 그렇게도 장바구니 들기를 싫어했었다. 엄마가 가자 가자고 부탁을 해도 공부해야 한다는 핑계를 대면서 뻗댄 적도 수없이 많았다.

그래도 요즘은 엄마와 함께 장 볼 일이 꽤 있었던 것 같다. 물론 휴학을 하고 잠시나마 집에서 유유히 놀고 있는 때니까 가능한 일이겠다. 먼저 엄마가 가자고 하지 않아도 짐꾼이라도 한 명 있어야 하지 않겠냐며 그냥 알아서 따라 나간다.

이제 더는 내가 반찬거리를 사러 가도 장하다며 덤을 끼워주는 아주머니는 없다. 영특하다는 눈빛으로 나를 칭찬해주는 아저씨도 없다. 그런데도 마냥 좋다. 이런 잔잔한 일상을 보내는 것이, 야채와 국거리를 사 와서 집에서 따뜻한 밥 지어 같이 먹는 것이 너무나 소중한 일임을 알게 되었다.

당연하다고 여겨지는 오늘이 언제까지나 당연한 것은 아니다.

지금은 이렇게 여유롭다지만 나중에 복학하면 또 일정에 치여 시간 내기 어려울 것을 아니까. 그러다가 취업이라도 하게 되면 더더욱 가족과 함께 보낼 수 있는 시간은 줄어들 테니까….

사랑하는 사람과 함께하는 소중한 지금을 하나하나 잘 간직해 두려 한다.

그러다 먼 훗날에,

우리가 함께하고 싶어도 함께할 수 없는 그런 날이 온다고 하더라도,

넣어둔 추억을 하나씩 꺼내 보면서 슬며시 웃기 위해서는 주어진 오늘을 감사하며 살아가야겠다.

1호선 뜨개질남

언젠가 저런 별명으로 누군가에게 불리기 전에 내가 먼저 이름 지어주기로 했다.

크게 이상하다고는 생각하지 않았다. 이미 나는 군대 생활관 침대에 누운 채로 니트 조끼 하나 정도는 거뜬히 뜨곤 했으니까. 무엇보다도 적당히 덜컹거리는 부산의 지하철 1호선은 무언갈 깨작거리기에 안성맞춤이었다.

자리에 앉아 가방에서 실과 대바늘을 꺼낼 때면 주위에서 시선이 따갑게 느껴졌다. 아마 나라도 그 유별난 장면을 둔 채로 가볍게 넘어가기는 힘들었을 거다.

내가 다리털이 훤히 보이는 시원한 반바지를 입었을 때 그들의 눈이 무얼 그리 열심히 확인하는지는 몰라도.

1.

조용히 말을 걸어주시는 할머니면 오히려 고마웠다.

"우리 어릴 때도 대바늘로 많이 떴었지…."

잠잠히 추억에 잠기시는 모습을 보고 있으면 그 눈 속에 담긴 그들의 이야기가 아니 궁금할 수 없었다.

겉뜨기에 추억 한 코, 안뜨기에 회한 한 코.

그녀가 인자한 미소를 지으며 했던 이야기는 내 갈색 고무뜨기 목도리에 모아 담았다.

그렇게 만들어진 편물이 차차 올라가고 있으면 금방 추억의 지하철에서 내려야 할 때가 찾아왔다.

2.

"첨엔 남자 구실 하나 못하는 사람인가 싶었지!"

같은 취미를 즐긴다는 것은 참 신기한 일이었다. 그녀는 생전 처음 본 사람에게도 말을 걸 용기가 생겼고 자연스레 농담을 건넸다. 그리고 나 역시 어디까지나 농담으로만 받아…줄 리가 없었는데도.

그건 명백한 성희롱입니다만. 검은 원피스를 입으셨던 아주머니.

3.

시선(視線): 눈이 가는 길. 또는 눈의 방향.

그들의 눈이 나를 향해 걸어왔다. 걱정은 하지 않았다. 나는 워낙에 철면피라 그들에게 내 의식의 문을 쉬이 열어주지 않았으니까. 그저 내 무릎 앞에서 툭 떨어지는 눈의 흔적들이 나를 간질였을 뿐.

〈저들이 나를 보고 있다….〉

이렇게 다가오는 눈빛을 의식하는 순간 내가 질 것만 같은 생각에 어긋난 눈싸움을 했다.

겉뜨기 두 번… 안뜨기 두 번….

아차, 바늘을 잘못 찔러 실 사이로 들어갔다. 이게 뭣 하는 짓인지.

4.

(이번 역은 xxx, xxx 역입니다. 내리실 문은…)

목적지까지는 한 정거장 남았다.

하던 단은 마저 끝내야 한다는 생각에 발등에 불이 떨어졌다. 손목은 현란하게 돌아가는 동시에 어깨는 맛있는 케이크를 입에 문 아이처럼 들썩들썩했다. 확실히 여유라고는 찾아볼 수 없는 몸놀림이었다.

"뜨개질이요? 지하철에서 느긋하게 시간 보내려고 하는 거죠~"

개뿔. 주객은 전도된 지 오래됐다.

쪼물딱
쪼물딱

“면세점은 외국인들만 쓰라고 있는 거 아니야? 우리 진짜 들어가도 되는 거 맞아…?”

“제주공항에선 국내선 고객도 면세점 이용 가능한 거 몰랐냐?!”

친구들과 떠났던 무계획 여행의 마지막 날.

제주도의 산이며 바다를 즉흥적으로 활개 치고 돌아다녔던 우리는, 때아닌 고심을 하며 머리를 맞대고 있었다.

[요게 요즘 잘 나간다더라.]

[웃기지 마라, 이게 지금 트렌드다 트렌드….]

화장품이라고는 기껏해야 비비크림 정도나 발라본 사내 녀석들이 뭘 그리 자신만만하게 추천을 하는지.

자초지종은 이랬다.

"오빠~ 내 거는 진짜 아무것도 안 사 와도 돼. 그냥 몸만 와! 근데 마침 립스틱이 하나 필요한 건 알고만 있어~"

기념품은 어떤 거로 사 갈까 하는 친구의 말이 끝나자마자 수화기 너머로 들리는 경쾌한 목소리. 하나밖에 없는 동생 욕은 맨날 하면서 또 챙기기는 살뜰한 친구 녀석이 다행히 눈치는 빨랐는지, 급히 남자 셋을 이끌고 공항 면세점에 들어가자는 것이었다.

요즘 화장품에 남녀가 따로 없다고는 하지만 아무래도 남중, 남고, 군대의 계단을 밟은 우리로서는 그렇게 여자들 북적북적하는 곳에 있으면 기가 빨리기 마련이었다. 아까 자신 있게 제품을 추천하던 의기양양한 남정네들은 다들 어디로 가셨는지. 다들 쭈뼛쭈뼛 제 선 자리가 제자리는 아닌 듯 마냥, 이리 왔다가 저리 갔다가 하며 서 있었다.

"나는 향수나 좀 보고 올게. 너희들은 여기 있어라~"

향수랑은 제일 거리가 멀 것 같은 덩치를 가진 녀석이 그렇게 우리를 버리고 떠나갔다. [쟤 오늘 비행기 내리고 그때 그 여자애랑 바로 만나기로 했다더라.] [저 기세면 뭐 조만간 사귀기도 하겠네.] 이런 시답잖은 이야기나 나누고 있을 제, 우리의 립스틱 소년은 여전히 가게 점원의 추천을 받는 중이었다. 우리는 친구에게 빨리 이 숨을 옥죄어오는 기묘한 공간에서 내보내 달라는 간절한 눈빛을 보내기도 하고, 괜히 불편한 기운에 땀이 차버린 등을 지금 긁어야 하나 참아야 하나를 고민하면서도 그 친구의 카드나 빨리 긁어졌으면 하고 빌었다.

그렇게 길고 긴 시간이 지난 뒤, 마침내 친구는 선택했고 우리는 해방될 수 있었다. 잘 포장된 립스틱을 한 손에 든 친구를 앞세운 채로 전쟁에서 승리한 군인 모양으로 당당히 어깨를 펴고 나가려 했지만, 생각해보니 향수 친구가 아직 오지 않았다. 그제야 저 멀리서 빠른 걸음으로 걸어오는 향수 친구가 보였다. 빈손으로 가뿐히 걸어오는 녀석.

"응? 넌 뭐 안 샀어?"

"어, 실컷 구경만 하다 왔어. 근데 괜찮아. 옷에 향수는 잔뜩 뿌려놓았거든!"

그 순간 나는 어릴 때 엄마가 해줬던 한 옛날이야기가 생각나는 바람에 속웃음을 그칠 수가 없었다. 다소 흐릿한 기억을 되짚어가면, 눈이 침침한 시아버지를 정성스레 모셨다던 한 깍쟁이 며느리의 이야기는 이랬다.

며느리의 집은 가난했다더라. 언제 한번 시아버지께 고깃국이나 해 드리고 싶어도 주머니엔 생선 대가리 하나 살 돈조차 없었단다. 그래서 마침 지나가는 생선 장수를 세워놓고도 발만 동동

굴릴 뿐이었는데 순간 꾀를 낸 며느리는 양손으로 생선을 '쪼물딱쪼물딱' 만지면서 고기의 질이 좋다느니 참 신선하다느니 그런 말이나 했단다.

집에 온 며느리는 생선 기가 아직 남아있는 그 손을 씻은 물로 국을 끓였고 시아버지는 생선 향이 약간 나는 국을 생선국으로 알고 맛있게 잡수셨다더라.

다 같이 못 살던 시대 얘기라 어찌 보면 웃픈(?) 이야기이지만, 며느리의 지극정성만큼은 인정해야 했다.

그러니, 여자 만나러 간다고 향수를 '쪼물딱' 하고 온 친구를 과연 경제적이라고 칭찬해 줘야 할지, 아니면 약아빠졌다고 놀려야 할지 모르겠다.

어찌 됐든 그녀를 향한 남자의 마음에서는 그 어떤 면세점 고급 향수보다도 진한 향기가 났으니.

내일 지구가 멸망한다 해도 나는

초등학교에서 중학교로 넘어가는 사이에,
나는 우리 집 옥상의 화분에다가 식물을 키웠었다.

이제는 오래된 일이지만, 그때는 뭐가 그리도 재밌었는지.
학교 갔다 와서 두 시간은 그냥 화분 앞에 쪼르르 달려가 앉아 있곤 했다. 하루 지나면 못 알아볼 정도로 녀석들이 쑥쑥 자라는 걸 보면서 어째서 내 키는 애들만큼 빨리 자라지 않을까 하기도 했다.
나는 식물들을 몇 개의 화분에 나누어 열심히 키웠다.

상추, 강낭콩, 고추 모종 등등 주로 봄·여름에 키워서 가을에 따먹는 것들이었다.

그렇게 해가 바뀔 때마다 정들었던 자식을 보내고 새로 키우는 걸 반복하다 보니, 문득 해가 지나도 남아있는 '나무'를 한번 키워보고 싶었다.

그래, 사과나무 같은 거 말이다.

참으로 허황된 생각이 아닐 수 없었다. 화분에 사과나무를 기른다니.

쓸데없는 짓이라며 나를 놀려대는 형에게 "내일 지구가 멸망한대도, 나는 한 그루의 사과나무를 심겠다."라는 명언을 꾸준히 뱉어내면서까지(심지어 그때는 누가, 과연 무슨 뜻으로 한 말인지도 몰랐다. 스피노자가 나를 봤다면 코웃음을 쳤을지도), 나는 큰 그림을 그리고 있었다.

'나무를 기르려면 양분이 많아야 하는 법!'

겨우내 우리 집에서 나온 과일 껍질은 모두, 음식물 쓰레기통이 아닌 화분으로 직행하게 되었다. 겨울이라서 그리 잘 썩지는 않았다만.

지렁이도 어디선가 공수해 와서 투입하기도 했다.

'제일 중요한 건 역시 사과 씨!'

맛있는 사과에서 나온 씨가 맛있는 열매를 맺는 사과나무가 된다는 건, 내게는 어찌 보면 당연한 추론이었다. 그래서 제일 좋아하는 홍로사과를 하루에 두 개씩 먹으면서까지 나는 씨를 모았다.

'씨를 구했으니 이젠 심을 일만 남았다!'

봄이 되자마자 옥상에 올라가 빈 화분 두 개에 사과 씨 열 개를 나누어 심었다.

나중에 잡초가 올라왔을 때 헷갈리지 않기 위해서 씨를 심은 곳도 표시해 두었다.

하루,

이틀,

사흘.

싹은 올라오지 않았다.

역시 말도 안 되는 일이었나. 그만 체념하고 포기하려 했다.

그런데, 4일째 되는 날. 기적처럼 싹이 올라왔다!

확실히 잡초는 아닌 게, 내가 심은 포인트마다 똑같이 생긴 애들이 올라왔었다. 거대한 나무가 될 놈을 내 손으로 탄생시켰다고 생각하니 괜스레 이상야릇했다. 그땐 다 자란 사과나무에서 직접 키운 사과를 따 먹는다는, 기분 좋은 상상을 하지 않을 수 없었다.

이리저리 1년 정도 키웠던 것 같다.

솎아낼 친구들은 솎아내고 한 화분에 딱 한 그루씩만 사과나무를 남겨 두었다. 태풍 불 때 지지대를 깜빡해선지 나무 몸통이 좀 휘긴 했지만, 역경 없이 쑥쑥 자라기만 한다면 그게 무슨 재미가 있을까 하며 스스로 격려해주기도 했다.

달콤한 맛의 사과를 상상하며 그렇게 매일같이 옥상에 올라가던 나를 보면서, 아빠는 조심스레 입을 뗐다. 사과나무가 사과를 맺으려면 7년은 자라야 한다고. 근데 그 7년 후에 딴 사과도 맛은 기대하면 안 된다고(좋은 사과나무를 심었어도, 가지 접붙이기를 제때 안 하면 맛있는 사과가 열리지 않는다고 했다).

'에이, 그게 뭐야…. 그럼 난 내가 딴 맛있는 사과는 결국 못 먹는 거네…?'

밀려오는 허탈감을 이기지 못한 채, 나는 나무 키우기에 손을 놓아 버렸다.

결국, 키우던 사과나무는 아빠가 다니던 회사 텃밭에 가져가셨다. 그 후로 어찌 되었는지는 모르겠다.

잘 자라고 있으려나? 죽었을까, 아니면 아직 살아있을까? 만약 살아있다면, 그때부터 7년은 더 됐으니 혹여나 열매도 열리지 않았을까…?

그냥, 명절에 후식으로 나온 사과를 보다가 문득 생각이 났다.

3

바르셀로나

자동차만 타고 살 순 없으니까요

[지금 만나러 갑니다, いま､会いにゆきます]라는 일본 영화에서 주인공 타쿠미는 자전거로 출근을 한다. 아름답게 흐르는 OST와 노랗게 꽃이 핀 해바라기밭보다 오히려 이 장면이 기억에 남아있는 걸 보면, 내가 자전거를 꽤 많이 좋아하긴 했나 보다.

초등학생인 내게 6만 원짜리 자전거를 엄마가 사주었을 때 나는 너무 좋아 달력에 별 표시를 해 버렸다. 몇 번이고 녹슬고 체인이 망가져도, 바퀴 펑크가 수없이 날 때도, 나는 그 친구를 끌고 수리점으로 가는 길이 힘들지 않았다. 그 녀석은 언제고 다시 살아나 바람이 되어 내게 불어올 줄 알고 있었으니까.

그때 그 자전거의 행방은 이제 알 수 없게 되었다지만, 확실히 나는 자동차에 원체 매력을 느끼지 못하는 남자아이로 자라버렸다. 그래서 나에게 딱 맞는 교통수단을 찾아다니느라 고생 좀 했다. 대학교 새내기 때는 외발 전동휠을 타고 교정을 활보하며 관심종자냐는 소리도 적잖이 들어봤고, 군대 휴가 나와서는 전동킥보드에 마음이 꽂혀 무던히 타고 다니다가 일주일 만에 고장 내기도 했다.

그걸 옆에서 보던 우리 가족들은 가만히 있지를 못했는데, 나중에 알고 보니 안전사고가 날 것을 걱정해서였다고 한다. 적어도 우리나라에서는 아직 자전거도로가 충분히 닦여 있지도 않고, 전동 모빌리티(전동킥보드, 전동자전거, 전동휠 등등)의 법적 지위도 불안정하다. 점차 개선되고 있다지만, 가장 중요한, 사람들의 인식 변화가 못 따라오고 있는 것은 아닐까?

나는 우리나라 사람들에게 변화를 두려워하는 기질이 다소 있다고 생각한다. 우리는 자동차 위주의 도로나 생활방식에 이미 익숙하다. 그래서 도로에 자전거와 킥보드가 함께 주행한다든지 차선의 한 줄을 자전거 전용으로 내어준다든지 하는 것들을 받아들이기가 쉽지 않다. 안 그래도 교통체증이 심각한데 그 귀한 차로에 불청객을 들이는 게 썩 마음에 들지는 않겠다.

하지만 우리의 마음이 받아들이지 못한다고 해서 세계적인 흐름을 막을 수 있는 것은 아니다. 지금 세계의 도시교통 추세는 ‘인간 척도의 도시', 그리고 '걷고 싶은 도시'이다. 그 목적지에 다가가기 위한 필수적인 방안이 대중교통의 확대와 더불어 '이동수단의 다양화'임은 말할 것도 없다.

바르셀로나의 어느 오후, 잘 닦인 자전거전용도로 위에는 자전거로 퇴근하는 직장인과 킥보드를 타고 달리는 학생들이 있다. 이들에게 인라인스케이트(롤러블레이드)는 더는 아이들의 전유물이 아니다. 그에 더해 주말이면 광장이나 공원 등지에서 스케이트보드를 즐겨 타는 시민들도 심심찮게 볼 수 있다.

더는 유럽 사람들에게 자동차가 빽빽하게 정체된 모습은 현대적인 도시의 청사진이라 할 수 없다.

한가운데의 차선을 자전거가 맘 편히 다닐 수 있는 도로.
이젠 바르셀로나가 아닌 서울이나 부산에서도 보고 싶다.

민박집에서 스태프로 일하고 있습니다

해외여행 중에 숙소를 구하다 보면 '한인 민박'이라는 독특한 시스템의 숙박업소를 흔하게 볼 수 있었다. 한국인(혹은 조선족)이 운영하는 이 숙소는 같은 한국인을 만나러 온 손님, 그리운 한식을 먹으러 온 손님, 여행 정보를 얻으러 온 손님들로 붐볐다.

그리고 당연한 소리겠지만 거기서 스탭(STAFF)으로 일하는 사람도 있었다.

[무보수 스탭 모집 중]

글쎄, 말은 무보수긴 한데,

과연 세상에 진짜 공짜가 어디 있을까?

자세하게는 사람마다 다를 것이고 각각의 경우마다 또 다르겠지만, 일반적으로 그들은 숙·식 정도를 제공받고 민박의 전반적인 일을 보조해 주는 경우가 보통이었다. 조식 준비, 체크인 관리, 자잘한 청소 따위의 일이 그들의 몫이었다.

각설하고, 나는 체코에서 교환학생을 끝내고 남은 시간을 다른 친구들처럼 이리저리 돌아다니며 보내고 싶진 않았다. 자주 짐 싸는 것을 귀찮아하는 성격이기도 했지만, 아무래도 전공의 탓이 컸다. 장차 도시계획을 해야 하는 사람이 여러 도시를 얕게 보는 것보다는 한 도시라도 깊게 이해하는 것이 더 도움이 되지 않을까 하는 마음이 컸으리라. 관광객의 눈에 훑어지는 도시 말고 현지 주민의 삶으로만 느낄 수 있는 도시를 경험하고 싶었다.

그런 상황 속에서 그 일자리는 나에게 많은 보탬이 되었다. 외국에 체류하는 것 중에서 가장 큰 부분을 차지하는 숙박비를 아낀다는 게, 돈 없는 학생에겐 소중한 기회였다.

이런 이유로 인해 바르셀로나의 한인 민박에서 스태프로 일했다고는 하지만, 알게 모르게 다른 끌림도 있었지 않았나 싶다. 원체 사람 만나고 이야기하는 걸 좋아하다 보니, 며칠을 간격으로 새로운 사람과 관계를 쌓아가고 그들에게 적절한 서비스를 제공하는 것은 나에게 안성맞춤이라 할 수 있었다.

낯선 사람과 처음 인사하고, 말문을 트고, 그러다 밥이나 한번

같이 먹게 되고.

이런저런 얘기를 나누며 친해지는 와중에도 약속한 시간은 멈출 줄을 몰랐다. 정해진 날짜가 되어서 하나가 떠나는 날이 오면, 둘의 마음은 서로를 놓지 못했다.

따라가고 싶다거나, 혹은 조금 더 있고 싶다거나.

며칠이나마 정든 사람과 이별하는 게 나 역시 익숙지는 않았지만,

갈 사람은 떠나가야 할 터였고 나는 남아서 마저 해야 할 것이 있었으니까.

작아지는 뒷모습을 배웅하며 흔들던 손을 살며시 내렸다.

"변화를 읽어야 해요! 외국에 나와서 많은 걸 보면서 그냥 좋다, 여기서 끝나면 안 되는 거라. 우리 나이대의 사람들은 이제 둔해서 안 돼. 젊은이들은 할 수 있어요. 세상이 바뀌는 순간의 한가운데에 서 있어, 지금 성진 씨가."

인생이란 좌표평면 위 두 일차함수의 접점. 그게 우리가 만난 순간이었다.

좋은 사람과 함께한 시간은 나를 더 나은 사람으로 만들어 주었다.

그들과 나눴던 이야기 하나, 같이 보았던 풍경 하나가

나라는 사람에게 기꺼이,

그리고 온전히 스며들었다.

이 자리를 빌려 까미노하우스에 들러주신 분들께 다시 한번 감사를,
소피와 마누, 프레드와 은미 누나도 행복하기를,
모두의 앞길에 좋은 일만 가득하기를 바란다.

같이 걷는 길

“성진 씨, 세상에서 가장 걷기 힘든 길이 뭔지 알아요?”

“…. 고바위 언덕길인가요?”

“같이 걷는 길이에요.”

까미노(산티아고 순례길) 걷고 오신 H 선생님은 그렇게 운을 뗐다.

쉬는 것도, 움직이는 것도, 밥을 뭘 먹고 오늘은 어디서 묵을 것까지. 자기와 발을 맞추며 걷는 사람이 있다는 건 그만큼 신경 써야 할 게 많은 거라고 했다.

누군가 같이 걷는 길은 늘 그랬다.

자신만이 세계의 전부였던 아이가 타인과 더불어 살아간다는 걸 체감했을 때, 우리는 이 만화의 주인공이 나 혼자는 아니라는 걸 받아들여야만 했다. 어쩌면 그때부터, 타인과 같이 가는 인생을 제멋대로 걷는 건 용납될 수 없는 일이었을지도 모르겠다.

우린 그렇게 어쩔 수 없이 눈치 보고, 배려하고, 맞춰 주고, 희생했다.

"그럼 하나 더. 세상에서 가장 즐거운 길은 뭐라고 생각해요?"

"…. 같이 걷는 길?"

이제야 만족한다는 표정을 지으시며 H 선생님은 타다 만 담뱃불을 비벼 끄셨다.

무언갈 함께하는 길 또한 다르지 않았다.

그것이 힘든 일임을 알면서도, 아니, 어쩌면 그게 얼마나 힘든 걸 알기에 우린 기꺼이 옆 사람에게 어깨를 내어주었다. 자신을 위해 발맞춰 주는 타인의 희생을 고마워 마지않았다. 사람에게 크게 데이고서도, 다시 지독히도 사람의 곁을 찾아 들어가는 존재가 바로 우리, 인간(人間)이었다.

그러니 외로움은 더는 내게 슬퍼할 만한 것이 못 되었다.

외로움에 사무치고 지금 내 옆에 사람이 절실하다는 건,
분명 누군가를 위해 희생할 준비가 되었다는 뜻이니까.
그리고 발맞춰 걸어가는 다른 누군가의 배려를 받을 준비가 되었다는 뜻이니까.

외로움은 신이 내게 숨겨놓은 선물, 그것으로 가는 길이었다.

한 끗 차이

"위아래로만 움직여야 해. 힘은 적당히 주고…. 야, 칼날을 대고 옆으로 밀면 다쳐!"

돌이켜 보면 어릴 적 나의 발육은 확실히 남달랐던 것 같다. 키나 좀 컸으면 또래 애들 사이에서 우쭐대기라도 했으련만…. 대체 모(毛)가 그렇게 빨리 자랐는지.

털.

교복 바지를 입었을 때 가려지는 다리털만큼은 제쳐두고서라도, 몸에서 초대받지 못한 손님인 털에 대해 일종의 불결함까지 느낄 때가 있었다. 중학교 1학년 때의 일은 아직도 잊을 수가 없는데,

그날은 오월의 어느 아침이었다. 수업 시간에 친구들과 떠들다가 선생님께 걸린 나는 여느 때처럼 칠판 앞에 무릎을 꿇고 팔을 번쩍 들고 있었다. 이상하게 그날은 어깨가 저리지 않았다. 팔이 떨리고 있는 걸 눈치채지도 못했다. 만세 자세를 했을 때 유달리 돋보인 그 불청객이 내 혼을 쏙 빼놓았으니까.

내가 반 아이들의 겨드랑이를 한 번씩 들춰보지는 않았지만, 그렇게 선명하게 털이 나 있던 건 아마 또래 친구들 사이에서 흔한 경우는 아니었을 테다. 내 겨드랑이에 자란 검댕이를 신기한 듯 빤히 쳐다보는 한 친구의 눈길 앞에서 내 팔은 그저 움츠러드는 것 말고는 할 게 없었다.

어쨌든 나는 별나게 털이 이르게 자란 편이었으니 형에게 면도를 배운 것도 가까운 미래였겠다. 내게 인중 부위를 면도하는 법을 가르쳐준 형은, 아니나 다를까, 걱정의 한마디를 빼먹지 않았다.

"너 벌써 면도 시작해 버리면 나중에 감당할 수 없을 정도로 자라 버릴걸?"

근거 없는 그의 저주는 불행하게도 내겐 효과가 있었고, 고등학교에 가서고부터는 선생님으로부터 면도 좀 하고 오라는 핀잔을 달고 살아야 했다. 그럴 때면 난 전날 아침 면도한 자국을 가볍게 긁적이면서 뚱한 표정을 감출 수가 없었다.

여하튼, 전역과 복학이란 중한 의례를 잇달아 치르고 난 후, 때늦게 여과 없이 개성을 표출하고 싶었던 나는 밍밍한 얼굴에 무언가 하나씩 꾸며 넣는 걸 즐겼다. 내 각진 얼굴과 더불어, 턱이며 인중에 굵게 난 수염은 서로 잘 어우러져 동양적인 멋의 요소가 되기에 손색없었다. 그림판에 그림 그리듯, 조각가가 돌에 끌과 정을 대듯, 나는 내 수염을 가지고 예술적 장난을 쳤다.

[실수했어?]
[괜찮아!]

[오늘은 살짝 맘에 안 든다고?]
[괜찮아!]

과연 아무런 문제가 없었다.
수염을 다듬은 모습이 마음에 들지 않을 땐 싹 다 밀어버리고 수염이 다시 자라기를 기다리면 되었다. 체질 탓인지, 금방 이전의 수풀이 복구되는 내 모습을 친구들은 부러워 마지않았다. 수염이 잘 나지 않으니 면도할 땐 편하겠다며 한때 내가 부러워했던 친구들이다.

따지고 보면,

콤플렉스와 개성은 한 끗 차이에 불과했다.

남들과는 조금 다른 모습.

그 한 끗의 차이는,

'그런데도 스스로가 그 매력을 발견할 수 있는가'에 있었다.

인생은 마라톤이 아니니까

한창 급식 맛없다며 투덜대던 때에, 내겐 이상한 습관이 하나 있었다. 밤 9시까지 했던 야자(야간 자율 학습)로는 도저히 성에 안 찼던 걸까? 학교 파하기 3분 남았을 때면 나는 집에서 공부할 책을 주섬주섬 가방에 넣기 시작했다.

"자기 전에 수학은 여기까지. 영어 단어는 최소한 이 정도라도…."

혹여 오해할 사람이 있을까 봐 확실히 짚어두는데, 난 집에 가면 공부 안 했다.

시험 기간이라고 힘들겠다며 엄마가 준비해놓은 것이 무색하게도, 야식을 쪼아먹던 손은 어느새 게임 앱을 누를 뿐이었다.

결국, 다음 날 아침엔 들고 온 책 그대로 다시 쌓아 넣고 힘겨운 등산을 시작해야 했다. 보수동 책방골목을 지나서 산복도로를 오르는 발걸음은 땀을 먹어 무거워졌다.

'멍청비용'이라 하였다. 무거운 가방을 메고 귀한 정력을 길바닥에 흘리고 있었으니…. 물론 좋은 쪽으로도 생각해 보자면 그로 인해 두꺼워진 승모근은 내 수험생활 체력의 원천이긴 했다.

아무튼, 개 버릇 남 못 준다고. 주제에 맞지 않게 가방을 무겁게 하고 다니는 건 바르셀로나에 살던 때도 별반 다르지 않았다.

"모르는 일이잖아. 여유가 생겼을 때 읽을 책이라도 하나 있어야 하지. 뜨개질할 실이나 바늘이라도 가지고 있으면 시간 죽이기도 좋고 말이야."

그렇게 바리바리 욱여넣은 가방을 들고 나간 산책. 애초에 목적지로 정했던 보른(El Born)까지 한 번에 가는 건 여간 어려운 일이 아니었다. 라발(El Raval)에서 한 번, 고딕(El Gòtic)에서 한 번. 길에 보이는 벤치에 앉아 다리를 쭉 펴고, 허리라도 잠깐이나마 돌려주어야 다시 움직일 힘을 얻곤 했다.

목적지까지 한 번에 쉬지 않고 걸어가겠다는 건 애당초 과한 욕심이었다. 내 체력이나 끈기, 뚝심을 곰곰이 따져봐도 나는 '중간에 쉬어야 다시 갈 수 있는 사람'이 맞았다.

"천천히라도 계속 뛰어야 해. 힘들다고 걸어버리면 금방은 좋을지 몰라도 다시 뛸 마음이 사라지니까."

10km 마라톤을 준비시키던 중학교 역사 선생님은 내게 음료수를 건네며 그렇게 말했었다. 레이알 광장(Plaça del Rei)의 벤치에 가만히 앉아서 파란 하늘을 볼 때 문득 기억이 난 거지만, 그때는 당신의 말씀이 그렇게 멋져 보일 수가 없었다.

흔히 듣는 것과는 다르게, 인생은 마라톤이라는 말에 나는 동의할 수 없었다. 길게 보고 페이스 조절하는 게 비슷한지는 모르겠으나, 적어도 목표 지점을 하나로 잡고, 기록을 재면서, 남들보다 빨리 가야만 하는 종목은 아니었다는 거다.

세상 모든 사람은 누구나 자신만의 속도와 방향을 가지고 살아간다.
거기엔 빠름과 느림, 그리고 잠깐 멈춤과 되돌아가기도 포함된다.

그러니 부디,
타인의 속도로 자신을 재단하려 들지는 말자.
당신의 속도와 방향은, 이미 그 자체로서 의미 있기에.

임금님 귀는 당나귀 귀

"힘든 일이 생겼을 때는 혼자 끙끙 앓지만 말고 주위 사람들에게 털어놓으라고 하잖아? 근데 부모님께는 부끄러워서 말 못 하겠지, 선생님한테는 괜한 거리감 때문에라도 다가가기 힘들지…."

목에 핏대를 세워가며 열변하던 상담 선생님은 잠시 숨을 고른 후 외치셨다.

"그래서 너희가 필요한 거야!"

나는 [또래상담사]였다.

그건 내 나이 18살, 꿈이 아직 교사였을 때 생활기록부에 적을 만한 것을 찾아보겠다는 다짐에서 시작한 활동이었다. 이국적인 얼굴에 턱수염이 거뭇한 국어 선생님(우린 그 선생님을 페르시아 왕자라고 불렀다)이 주도하는 동아리였는데, 나는 거기에 원년 멤버로 들어가 처음을 함께할 수 있었다.

따뜻한 심성을 가진 애들이 지원해서인지, 아니면 그들 주위에 소위 '겉도는 친구'가 많았던 건지. 이 동아리만큼은 다들 열정이 넘치는 분위기로 활동을 했다. 우린 바쁘게 시험공부 하는 와중에도 짬을 내어서 모여 상담자로서의 소양에 대해 배웠다. 서로를 상대로 상담 연습을 해 보기도 하고 각자에게 피드백을 받기도 했다.

최종적으로 공식 기관에서 교육까지 이수한 우리는 어엿한 또래상담사가 된 듯했다.

하지만, 실제의 상담은 결코 만만찮았다. 다섯 명 남짓한 학우들을 상담해 주면서 나는 몇 번이나 좌절감에 빠져야 했다. 그중 무엇보다도 내가 견디기 힘들었던 건 '내 상담이 과연 애들한테 실질적인 도움이 되긴 하는 걸까?'하고 자신에게 던졌던 물음이었다.

또래상담사 배지를 달고 있는 나는 이름만 상담사일 뿐, 실상은 그 친구들과 다를 바 없는 일개 고등학생이었다. 친구의 고민을 들어주고 적절한 해답을 찾고 있노라면, 번번이 끝내 내가 해 줄 수 있는 건 아무것도 없다는 종착역에 이르고 말았다. 이런 쓸모

없는 상담사라면 대체 무슨 존재가치가 있는 거겠냐는 생각에 비참할 때도 많았다.

그렇게 시간은 흘러 내담자(상담을 받는 사람)에 대해 미안한 마음만 가득한 채로 활동을 끝내게 되었고, 그 후 몇 달 동안은 누군가의 고민을 들어주기조차 쉽지 않았다.

고민을 들어준들 결국 나아지는 건 하나도 없을 거라는 무력감에 사로잡혔던 걸까?

여하튼, 그런 바보 같은 생각을 고쳐먹을 수 있었던 건 확실히 독서의 힘이 컸다.

지식의 범위를 넓혀 가다 우연히 접한 심리학 관련 서적들에서 나는 크게 한 방 먹은듯한 기분을 느꼈다. 그 많은 심리학 서적에 담긴 방대한 내용을 다 떠올릴 수는 없지만, 내가 확실히 알게 된 게 하나 있다면 그건 '감정의 배출'이리라.

> 사람의 감정은 억제해서 참고 또 참으면 언젠가는 크게 터지기 마련이다. 그렇기에 우리는 화도 내야 하고 짜증도 내야 한다. 참는 것이 언제나 능사는 아니라는 말이다. 묵혀놓은 감정을 배출하는 가장 좋은 방법은 역시 상담이다. 그러니 옆 사람에게 자신의 고민을 털어놓기만 해도(즉, 별다른 후속적인 조

치가 없다 하더라도), 우리의 마음이 후련해지고 더 가뿐해질 수 있는 것이다.

다행이었다. 이런 글을 읽다 보니 그때 내가 친구들에게 해줬던 상담이 그저 쓸모없는 건 아니었다고 위로받는 것만 같았다. 과연 그 친구에게 현실적인 도움을 줬는지는 그다지 중요한 문제가 아니었을지도 모르겠다.

그러니 이젠 그놈의 무력감을 조금은 덜어내고자 한다. 여전히 나는 누군가의 고민을 기꺼이 들어주는 사람으로 남고 싶으니까.

비록 내가 전문가는 아니지만, 또래상담사의 자격을 가진 한 사람으로서 또래들에게 한마디 권해 본다.

참는 게 절대 능사가 아니다.
힘든 일이 있을 때는 옆 사람에게 한번 말해봐라.

그렇게만 해도 분명 나아지는 게 있을 테니까!

걷고 싶은 거리에 관하여

바르셀로나에는 유독 테라스 문화가 발달해 있었다. 저녁이며 주말이면, 아니 평일 오후에도 시민들은 거리 곳곳에 놓여있는 테라스에 부지런히 자리를 잡았다. 맥주 한 잔에 타파스 한 접시, 혹은 커피를 앞에 놓고 그들은 가볍게 담소를 나눴다. 썩 멋있는 전경이었다.

람블라스(La Rambla) 거리 한쪽의 테라스에 앉아 가만히 지나가는 사람 구경을 하고 있노라면, 빠져들 것 같은 푸근함과 왠지 모를 씁쓸함이 동시에 찾아왔다.

테라스와 가로수, 그리고 그 모든 게 충분히 놓일만한 넓은 길.

이건 한국의 좁은 땅덩어리엔 그저 그림의 떡에 불과한 걸까? 애당초 우리에겐 이런 '거리 문화'가 충분히 발달하지 않았기 때문인지도 모르겠다. 지역의 거주자나 국가의 구성원으로의 삶에 있어 거리 문화라는 게 꼭 필수적이어야 할 이유는 없지만, 도시의 기능에서 활력을 결정하는 건 거리(가로)의 역할이 크다.

거리를 걷는 사람, 거리에 앉아 있는 사람이 많을수록 그 장소가 활기차게 보인다는 건 의심의 여지가 없어 보인다. 그런데 사람들이 거리에 넘쳐나게끔 만드는 게 오직 테라스뿐일까? 최근 도시 담론에서 떠오르고 있는 개념인 '걷고 싶은 거리'는 즐길 거리가 많음을 하나의 필수적인 조건으로 꼽는다. (유현준 교수는 이를 '이벤트 밀도'라는 단어로 표현했는데, 영어와 한자어를 섞어 쓴 기묘한 단어임에도 의미를 설명하는 데 부족함은 없겠다.) 단순히 녹음이 펼쳐진 거리보다는 다양한 용도의 상가나 문화적 기회를 품고 있는 거리가 도시적인 거리에 더 가깝다는 것이다.

이렇듯 도시를 하나의 거대한 유기체로 볼 때, 거리에 걷거나 앉아 있는 사람이 적다는 건 혈관에 피가 원활히 흐르지 않는다는 것이나 마찬가지이다.

유럽의 소도시를 가만히 걸어 다녀보면, 분명 인구 규모로는 소도시임에도 불구하고 거리에 나온 사람들이 만들어 내는 활기는 우리나라 인구 백만의 대도시에 뒤지지 않았다. 그에 반해 우리는 일상 속에 편재된 편리함에 뒤덮여서 이젠 거리에 나올 이유조차 없어지고 있는 걸지도 모른다.

'당일 배송 택배, 24시간 편의점, 초간단 인터넷 쇼핑.'

우리는 유통 강국이라는 빨간 장미의 향에 취한 나머지, 가시에 찔려 피를 흘리고 있는 건 아닌지 살펴봐야 한다. 꽃신에 맛을 들여서, 오소리의 도움 없이 더는 맨발로 걷지 못하게 된 원숭이는 건강도, 감성도, 끝에 가선 돈마저 다 뺏겨버린 채로 후회할 뿐이다.

재밌는 거리, 활기찬 거리는 그 자체로서 사람들을 끌어들이는 도시의 중요한 자산이다. 세계도시로 가는 위대한 여정에서, 우리만의 독특한 거리문화는 이제 선택이 아닌 필수다.

애늙은이와 철없는 어른

"동안이세요."

이 말 듣고 싫어한 사람은 주위에 많지 않았다.

"야야, 니 나중에 전역하고 누구 만나면 니 나이보다 딱 네 살 만 높게 불러 봐바. 아마 사람들이 고개 격하게 끄덕여 줄끼다."

사투리가 심했던 군대 선임의 말마따나, 내 노숙한 얼굴은 어째 주민등록증 나이보다 매번 한발 앞서갔다.

나는 친구들과 이 주제로 말이 나올 때면 우스갯소리로 둘러대기 일쑤였는데, 그 적당한 핑곗거리는 '생각 따라 얼굴 가더라'가

되겠다. 그러니까 적어도 내 이십삼 년 남짓한 무대에 등장했던 인물들은, 하나같이 아이처럼 천진난만한 성격이면 동안인 경우가 많았고, 나처럼 나이에 맞지 않게 온 세상 걱정 저 혼자 다 짊어진 친구들은 슬프게도 세월을 정통으로 맞고 있었던 게다.

웃긴 건 정작 이렇게 말하는 나는 '어른스럽단' 말을 듣는 걸 꽤 즐겼다. 어린 나이의 내게 어른스럽다는 칭찬은 마치 고생을 이겨낸 사람만 받을 수 있는, 남들은 가지지 못한 상장과 같았다. 나처럼 성숙한 생각을 하는 사람이 비록 얼굴은 좀 삭아 보일지언정, 세상의 풍파를 경험해 봤다거나 인생 사는 지혜를 제법 안다고 자랑하면서 내 어린 나날들을 뿌듯한 마음으로 보낼 수 있었다.

나의 그 '어른스러움에 대한 맹목적 사랑'은 언제부턴가 조금씩 힘을 잃게 되었는데, 아마 '나이에 걸맞은 고민을 한다는 게 참으로 아름답지 아니하냐'는 질문에서부터 비롯되었을 거다. 십 대 청소년의 자연스러운 고민과 생각, 그걸 건너뛰고 어른의 무게를 짊어진 아이는 어딘가 모르게 안쓰러운 면이 있었다.

결핍, 자책, 집착, 과한 겸손, 냉소, 비판.

이런 슬픈 단어를 조금이나마 쓰지 않고는 그들의 행태를 설명할 수 없던 때가 있었다.

어른스러운 아이가 나쁜 게 아니란 건 확연히 알고 있었다. 그저 내 어린 시절이 비쳐 보이는 그 표정들이 조금 안타까웠을 뿐.

어른스럽다는 것과 아이 같다는 것. 그건 수평선 위에서 음과 양의 값으로 구분될 수 있는 것일까? 그럼 과연 어느 쪽이 음이고 어느 쪽이 양의 값이 되는 걸까? 혹여나 MMORPG 게임에서처럼, [성숙도] 혹은 [어른스러움]이라고 쓰여 있는 칸의 경험치를 모아서 레벨업이라도 해야 하는 걸까?

아니다. 그럴 순 없었다. 어른스러운 아이가 나쁜 게 아니라면 분명 아이 같은 어른도 나쁜 건 아닐 터였다. 자기 나이에 걸맞도록 어른은 어른답게, 아이는 아이답게 사는 것이 바람직하게 보일지는 몰라도, 그것 또한 하나의 정해진 답은 아니었다.

(물론 지켜야 할 가정이 있는 어른이라면 얘기는 다르다. 아직 우리나라에서는 어른답지 못한 엄마, 아빠, 남편, 아내는 용납되지 않으니까.)

어쩌면 요즘, 많은 '초보 어른'들이 어른스러워야 한다는 강박감 속에 갇혀 사는 게 아닐까 한다.

글쎄, 나도 잘 모르겠다. 그 강박감이 당신을 이전보다 월등히 성장시켜준다면, 그리고 그 강박감을 스스로 즐기거나 통제할 수 있다면 나는 더 해줄 말이 없다.

만약 그게 아니라면, 놓아주자.

어른스러움의 저주에서 당신이란 아이를.

애써 노력하지 않아도 어른이 될 때는 찾아오기 마련이니까….

지금은 아이일 때를 즐겨도 된다.

노력해 볼게

어릴 적부터 다녔던 한 교회가 있었다. 기억하기로는, 초등학교도 들어가기 전부터 엄마 손 잡고 새벽기도까지 꼬박꼬박 나갔으니 남들에겐 모태신앙이라 말하는 데 문제는 없었다.

아무튼, 교회 일에 봉사하는 것을 귀한 소명으로 여기신 엄마는 매년 성탄절이 다가올 즈음이면 내 앞에 방대한 과자를 펼쳐 주었다.

그건 성탄절 선물, 그러니까 '성탄 축하 예배'에 참석할 사람들을 위한 과자였다.

종이로 상자를 만들고 종류별로 쌓인 과자를 하나씩 넣어 만드는 선물이었는데, 교회 4층의 예배당 작업장에서는 흡사 공장의 컨베이어벨트 위에서 물건이 뚝딱 만들어지는 것과 같은 장면이 연출되었다.

그래, 그 컨베이어벨트가 바로 나와 내 친구들이었다. 상자 옮기는 임무를 맡은 꼬마 아이들 말이다.

어린 시절의 나는 또래 아이들에게 묘한 경쟁심 같은 걸 느꼈는데, 한 번에 몇 개의 상자를 들 수 있느냐 혹은 남들보다 얼마나 빨리 상자를 옮길 수 있느냐는 그날 한 아이의 성취감을 좌우하기에 충분했다. 그렇게 역량을 넘어서까지 애를 쓰다가 상자 몇 개 찌그러뜨려 먹은 것은 남모를 비밀이었다.

"네가 일머리가 없어서 그래. 너희 형 봐라. 얼마나 빠릿빠릿하니."

선물을 포장하는 날이면 네 살 터울인 형한테 매번 비교당하는 게 싫었던 나는 내년 크리스마스를 기약하며 조용히 이를 갈았다. 엄마의 무심한 비교 발언은 입대 영장이 나올 즈음엔 [너도 군대라도 갔다 오면 너희 형처럼 일센스가 생기지 않을까]로 모양만 조금 바뀌어 있었다.

✉

저기 엄마, 나 일센스, 그러니까 일머리 말이야…. 전역했는데 아무래도 그대로인 거 같아. 내가 수능 치고 4년 동안 거쳐 간 아르바이트가 대체 몇 개야? 게다가 난 군대도 갔다 왔지. 그런데도 그다음 할 일이 바로 보인다거나 현명하게 문제에 대처하는 건 여전히 어렵기만 해.

그러고 보면 엄마가 말한 일센스라는 게 진짜로 있는 거 같긴 하다. 굳이 풀어 설명하자면 노력으로는 원체 따라갈 수 없는, 일에 선천적으로 가지는 감각 정도려나?

나는 왜 군대에서 그걸 길러오지 못한 걸까? 어쩌면 반항심에 그랬었는지도 몰라. 엄마, 나 훈련소에서 훈련받을 때 끔찍하기 그지없는 군대와 군대 문화와 군대식 사고방식에 마구 혐오감이 들었거든. 그래서 인정하기 싫었나 봐. 이런 최악의 환경에서 이십사 개월 버티다 보면 그딴 일센스가 생긴다고? 웃기는 이야기지. 내 성격 다 갉아먹고 일 좀 잘하게 되면 그게 다 무슨 의미가 있냐 이거야.

그래서 가설을 하나 내렸어.

'군대 갔다 온 사람이랑 군대 안 갔다 온 사람은 본질에서 아무런 차이가 없다'라고. 개인적으로나마 그걸 참이라 증명하고 싶었어. 거기엔 두 가지 증거가 필요했지. 우선 나라는 사람이 군대 갔다 와도 바뀌면 안 되었고, 군필자와 미필자를 그 어떤 차별이 담겨있지 않은 시선으로 같게 여겨야 했어.

(엄마가 좋아할 것 같지는 않지만) 첫 번째는 얼추 달성했네. 그리고 두 번째는 달성했던 것 같아. 그러니까 어제까지는 말이야. 바르셀로나의 민박집에서 내 전임자는 축구 하다가 십자인대를 다쳐 군대 안 가는 친구였어. 같이 일을 할 때 참 답답한 부분이 많더라. 나를 많이 힘들게 했던 사람이야. 왜 사람들이 군필, 군필 말하는지 그제야 이해가 되더라고. 이제 와서 그리 생각하는 나 자신은 이해가 안 됐지만 말이야.

경향성. 그건 확실히 있는 것 같아. 군대 갔다 온 사람들이 아무래도 단체생활에 쉽게 적응하는 경향이나 일 처리가 좀 더 빠릿빠릿한 경향, 남들 기분 잘 맞출 줄 아는 경향이나 자기를 조금 더 손해 볼 줄 아는 경향은 있지.

근데 내가 그러면 안 되는 거잖아. 어떤 환경이나 경력을 가진 사람들이 특정한 경향성을 가진다고 해서, 내가 그들 집단 전체에 편견을 가져선 안 되는 거잖아. 엄마는 나에게 그렇게 사람 대하라고 가르치지 않았잖아.

그러니까 노력할게. 사람을 편견 없이 대하려고 힘써 볼게. 당장은 쉽지 않더라도 계속 그렇게 해 볼게.

쉽게 편견을 가져버린다는 건 그 사람에게도, 엄마에게도, 내가 믿는 예수님에게도 못 할 짓이니까.

바르셀로나에서.

성진 올림.

인생은 운칠기삼

목이 타는 듯한 시늉을 하는 나에게, 같이 설명을 듣고 있던 한 누나는 발렌시아산 오렌지 주스를 건넸다.

"가우디의 일생 이야기를 듣고 연민의 마음을 가지는 사람들이 많아요. 그리 대단한 천재성과 신앙을 가진 사람이 말년에 전차에 치여서 허무하게 죽었다는 둥, 위대한 건축가를 품기 충분하지 못한 시대였다는 둥…. 글쎄요, 가우디가 활동하던 때는 에이샴플레(Eixample), 그러니까 마침 바르셀로나의 도시 확장이 활발했던 시대이기도 했는데 말이죠."

가우디의 천재성은 누구도 부인하기 힘드나 도시 발달의 흐름에 편승한 덕도 본 사람이라고. 게다가 구엘이라는 일생의 후원자가 없었다면 위대한 거장 역시 빛을 보긴 힘들었을 거라고.

점잖은 목소리로 그렇게 읊조리는 가이드님의 말은 마치 가우디의 찬란한 작품들이 그의 순수한 능력에서만 나온 것은 아니라고 일러주는 것만 같았다. 이어폰으로 흘러나오는 무심한 말을 듣고 본 가우디의 건축물은, 그럼에도 영롱한 형형색색을 감추지 않았다.

더운 날씨에 물통을 하나 다 비운 누나는 자기 인생에서 '노력이 배신한 역사'를 쭉 나열하면서, 확실히 인생은 운칠기삼이란 말이 딱 들어맞는다고 했다.

운칠기삼(運七技三).

개인적으로도 이 말이 주는 영향력을 아주 무시하지는 못하겠는데, 그 이야기를 풀어내려면 한때 내가 공무원시험을 준비하던 시절로 거슬러 올라가야 하겠다. 공무원시험은, 그 방대한 공부량 때문에 100% 준비를 하고 가는 사람이 백의 하나도 안된다. 그저 합격선에 겨우 맞춘 정도로 임용문에 오르는 사람이 태반이요, 그 한 명이 합격할 때 나머지 몇십, 혹은 몇백 명은 잔인하고도 현실적인 선을 넘지 못해 떨어지는 것에 지나지 않았다.

그러니까 시험을 철저히 준비하지 못한 (나를 포함한 대다수의)

수험생의 경우에, 그저 자신이 공부한 부분에서 부디 문제가 나왔으면 하는 기대를 떨쳐버릴 수 없었다. 자기 인생의 매우 중요한 부분을 '최근 출제 경향' 따위의 불확실한 요소에 맡겨 버린다니! 지금 생각해 보면 믿기 힘들 정도로 수동적인 태도였다. 하지만 그런 마음을 품은 수험생을 누가 감히 비난할 수 있을까. 애당초 떨어뜨리기 위한 시험 말고 적확하게 공무원의 역량을 테스트할 수 있는 시험을 준비해놓았다면, 그런 마음가짐을 가진 사람이 그리 많지는 않았을 것이다.

각종 위로와 좋은 말로 싸고 감도는 포장에도 불구하고, 인생은 명백히 너무도 불공평했다. 부모님 직업과 가진 자산이 어떠냐에 따라 다른 색깔의 수저를 물고 태어나는 건, 그래서 그 차이 나는 출발점으로 인해 남들과는 다른 수준의 삶이 예정된 건 이제 우습지도 않았다. 그뿐이랴. 외모, 키, 말주변, 내향성이나 외향성, 심지어 사소한 성격 하나까지도. 생명공학의 눈부신 혜택을 누리고 있는 우리는 예전에는 후천적인 노력의 산물이라고 여겨졌던 것들까지 다 DNA의 장난질에 불과하다는 사실을 알게 됐다.

그렇다고 우리가 마냥 앉아서 손가락만 빨고 있진 않았다.

네가 네 순전한 힘으로 얻은 게 아닌 것은 우리가 만든 경쟁게임에서 정당하지 않다는 것. 불로소득을 향한 이 반발은 우리 삶에 재분배정책이라는 이름으로, 세금이라는 형식으로 천천히 스며들고 있었다. 조금이나마 그 불공평을 개선해보려는 의지를 가진 채로.

그리고 이젠, 수 세기간 자본주의의 영원한 동반자로 여겨졌던 능력 만능주의마저 경계해야 할 때가 온 듯하다. 공부를 열심히 한 사람이 명문대에 입학하는 거나 높은 학점과 스펙을 갖춘 사람이 대기업에 입사하는 것. 이건 분명 남들보다 피나는 노력을 한 결과로 얻은 영광의 면류관이 맞다. 그들은 찬사를 받을 자격이 있다. 남들 밟고 올라선 거라고, 비정하다고 욕을 먹어서도 안 된다. 다만, 그 '면류관'이 그들의 순전한 노력으로 얻은 것인지는 한 번쯤 생각해 볼 필요가 있다. 쉽게 빌건할 수 있는 집안의 뒷바라지 차이는 물론이고, 지능이나 끈기라는 것도 하나하나 파헤쳐 보아야 한다는 거다.

'유전적으로'라는 이름표가 달린 삽으로 말이다.

나 고등학교 다닐 때는 스톱워치로 하루 순수 공부 시간을 재는 게 유행했었다. 누구는 하루에 열 시간, 누군 하루에 한 시간을 찍으면 그게 그들이 했던 노력의 지표로 받아들여졌다. 한번은 하루 열 시간을 채운 친구가 한 시간 채운 친구를 깔본 적이 있었는데, [너는 왜 가만히 앉아서 무언가를 진득하게 하지 못하냐. 나중에 그래서 뭐가 될래] 정도의 이유였던 것 같다.

누구나 엉덩이 무게가 다를 수도 있다고,
너 엉덩이 무겁게 태어나서 좋겠다고,
근데 사람이 겸손할 줄도 좀 알라고.

지금은 그 친구에게 웃으면서 이렇게 말해줄 수 있을 것 같다.
아마, 나와 싸우기 싫어하는 그 착한 친구는 억지 겸손 시늉이라도 할 테다.

> 내가 노력해서 얻은 것이 순전히 나만의 노력은 아닐 수 있다는 것.

어쩌면 내가 운칠(運七)의 축복을 받은 사람일지도 모른다는 걸 인정하는 사람만이 진심으로 겸손한 마음을 가질 수 있다.

잠깐잠깐,
그럼 운칠의 축복을 받지 못한 사람은?
우선 크게 좌절하고 욕 한 바가지 뱉어주자. XX. 빌어먹을 세상, 어떻게 나한테 그럴 수가 있나.
그리고선, 다시 훌훌 털어내고 일어나자. 내가 통제할 수 있는 것, 기삼(技三)에 집중하자.

운명의 신이 일곱 잔 마실 동안에 정의의 신은 세잔밖에 못 마셨다고. 근데 운명의 잔은 소주잔이었고 정의의 잔은 맥주잔이었을지는, 아무도 모를 일이다.

유럽에서 살아도 괜찮을까

초판1쇄 2019년 9월 25일
지 은 이 이성진
일러스트 MOON
펴 낸 곳 하모니북

출판등록 2018년 5월 2일 제 2018-0000-68호
이 메 일 harmony.book1@gmail.com
전화번호 02-2671-5663
팩 스 02-2671-5662

979-11-89930-21-9 03920

값 15,000원

이 도서의 국립중앙도서관 출판예정도서목록(CIP)은 서지정보유통지원시스템 홈페이지(http://seoji.nl.go.kr)와 국가자료공동목록시스템(http://www.nl.go.kr/kolisnet)에서 이용하실 수 있습니다.
CIP제어번호 : CIP2019032003